해 양 인 문 학 총 서

XX

일 본 어
교육 입문

해 양 인 문 학 총 서

XX

일 본 어
교육 입문

박영숙 · 박미현 지음

이 저서는 2018년 부경대학교 CORE사업운영지원금의 지원을 받아 수행된 저서임

머리말

　오랜 동안 대학에서 일본어를 전공하는 학생에게 일본어 교육 관련강의를 맡았다. 나의 전공 과목이 아니었으므로 강의를 위해 열심히 교재 준비를 하였고 학생들의 이해를 돕기 위해 교수법도 연구를 하였다. 수강한 학생들은 지금까지 일본어를 학습해 오던 학습자의 입장에서 일본어를 가르치는 교육자의 입장으로 변화하게 되며 하나를 가르치기 위해서 열을 알아야 하는 사실을 깨닫게 된다. 또한 안다는 것과 가르친다는 것은 서로 다름도 깨닫게 된다.

　본 교재는 교수법과 관련된 이론 부분과 교육현장에서 필요한 실제 상황으로 나누어 구성하였다. 다양한 교수법과 언어학적 지식, 그리고 교육 현장에서의 지도법 등이 그것이고, 교육자로서 알아야 할 이론적 배경과 알고 있는 내용을 효율성 있게 학습자에게 전달하는 것은 매우 중요하다고 생각했기 때문이다. 집필하는 동안 많은 서적을 참고하였고 특히 국제교류기금의 일본어 교수법 시리즈는 교육 현장에서의 지도법에 매우 유익한 내용으로, 많은 도움이 되었다.

부디 이 책이 필요로 하는 이들에게 많은 도움이 되기를 기대하며, 교정과 편집 등의 수고를 해 주신 부경대학교 석사 과정 장 민영 선생에게 감사의 마음을 전한다. 그리고 출판 지원을 해 주신 부경대학교 코어 사업단 여러분께도 감사드린다.

2018년 11월

목 차

제 1 부

일본어 교육의 이론

제1장 일본어 교육과 교사의 역할

1. 교사의 역할

일본에서 일본어 교사의 자질에 대해 논의 된 것은 1970 년대부터며 1976 년 일본교육추진대책조사회는 보고서에서 다음과 같이 일본어교원에 필요한 자질을 명시하고 있다.

(1) 일본어 능력	기초능력 표현 · 이해능력
(2) 언어에 관한 능력과 지식	일본어 구조에 관한 체계적이고 구체적인 지식 일본인의 언어생활 · 언어행동의 특색에 관한 지식 그 외 일본어에 관한 지식 언어학적 지식 · 능력 외국어에 관한 지식 · 능력
(3) 일본어 교수에 관한 능력과 지식	일본어 교수법에 관한 지식 일본어 교육의 역사와 현상에 관한 지식 지도계획의 입안에 관한 지식 지도 시 개별적, 구체적 지도기술에 관한 지식과 능력 교재 · 교구에 관한 지식과 이용 및 작성의 능력 평가법에 관한 지식과 평가의 능력
(4) 그 외 일본어 교육의 배경을 이루는 사항에 대한 지식 · 이해	일본에 관한 지식 · 이해 세계 제 지역에 관한 지식 · 이해 그 외 일반적인 지식

이 보고서를 보면 일본어를 중심으로 한 언어지식이 중요시되었음을 알 수 있다. 또한 언어지식을 학습자에게 전달하기 위한 지식과 능력이 열거되어 학습자에 대한 이해나 교수자와 학습자간의 관계형성에 대한 언급은 볼 수 없다. 이는 당시의 일본어 교육관을 반영한 것으로 교수자의 역할이란 교수자가 가진 지식과 정보를 학습자에게 효율적으로 전달하는 것이며 교수자의 전달기술이 뛰어나면 학습자는 정보를 학습할 수 있다는 교육관에서 비롯되었다.

1980 년대에 들어와서는 일본의 유학생 정책 변화와 일본어 학교 및 일본어학습자의 급증으로 다양한 일본어 학습자가 증가하였고 일본어교육시책에 변화가 생겼다. 즉 다양한 학습자에 대해 종래의 일률적인 지식 전달만을 효율적으로 생각한 교육관으로는 대응할 수 없게 되었다.

따라서 2000 년에는 『일본어 교육을 위한 교육양성』 보고서에는 일본어의 전문성과 이해, 운용능력에 더해 아래와 같은 자질을 요구하였다.

(1) 학습자에 대한 실천적 커뮤니케이션 능력
(2) 언어 전반에 관한 깊은 관심과 예리한 언어감각
(3) 국제적 활동을 하는 교육자로서 풍부한 국제 감각과 인간성
(4) 일본어 교육의 전문가로서 직업의 전문성과 이에 대한 자각과 정열

2000 년 보고서에는 일본어 교육을 넓은 의미의 커뮤니케이션으로 보고 교수자와 학습자가 서로 배우고 영향을 주는 커뮤니케이션 활동으로 파악하였다. 따라서 학습내용도 커뮤니케이션이 중심이 되

어 언어중심의 지식이외에 다문화이해와 심리학에 대한 관심도 증가되었다.

한국에서 일본어학습자가 선호하는 교수자의 역할은 무엇일까. 일반적으로 한국인 학습자는 교사의 인간성 측면과 일본어 및 다양한 지식을 알기 쉽게 설명할 수 있는 지식과 수업능력, 그리고 학습자의 장래를 감안하여 지도할 수 있는 지도력을 꼽는다. 일본어가 모국어였던 것만으로 환영 받았던 일본어 모국어 교수자에 대한 요구도 다양해져 학습자의 모국어로 설명 가능한 한국어 능력이 추가로 요구되는 시점에 와있다.

실제로 한국인 일본어 학습자가 바라는 교수자의 역할에 대해 조사한 平畑奈美(2014)는 아래와 같이 제언하였다.

(1) 전문교원의 교과교육
(2) 일본어 오용 및 수업에 대한 피드백
(3) 설명과 보조 자료의 연구제시
(4) 학생의 일본어 레벨 파악 및 학생의 반응을 고려한 수업개선
(5) 레벨 불일치로 인한 흥미상실의 사전방지책 마련
(6) 고난도 전공수업은 한국어자료를 제시
(7) 일방적 수업이 아닌 발표와 토론 등 학생의견을 유도하는 기회증대
(8) 흥미유발의 학습내용 편성
(9) 강의계획서 충실
(10) 일본어 평가 완화와 성실함, 실력향상 정도를 평가에 반영

本多美保(2015)는 특히 한국인 일본어 교수자에 대해 '학습자에 대

한 배려', '전문성과 숙련성', '친해지기 쉬운 인품', '문화교육과 다양성이 있는 수업', '문법교육'을 기대한다고 보고하고 있다.

21 세기는 인터넷의 발달로 시간과 공간의 의미가 없어지고 정보사회의 학교체제에서 교사는 수업의 주체, 교육 공급자, 지식 및 문화 전달자로서의 역할보다는 새로운 지식 및 정보 기술을 창조하고 개발하는 상황에 직면해 있다. 글로벌 시대의 일본어 교수자는 교실과 학습목표의 설정, 학습과제의 계획과 준비, 실제 클래스 구성, 학습자의 역할분담, 교육소재 선정 등에서 고도로 구조화되고 조직화된 학습 환경을 만드는 학습의 조력자, 협력자로서의 역할이 중요하다.

이러한 상황에서 2000 년대 초반부터 영어권 학계에서 사용하기 시작한 개념으로 블렌디드 러닝(blended learning)이 있다. 블렌디드 러닝이란 학습자의 수행성과를 높이기 위해 다양한 교수설계 전략 및 미디어 개발 방식 등을 적절히 혼합한 개념을 말한다. 기존의 사이버 교육, 이러닝(E-learning), ICT, LMS, 웹기반 수업 등의 온라인 수업과 전통적인 대면수업 중심의 교실활동(오프라인 수업)을 혼합하여 학습자주도의 종합적인 교육활동으로 규정한다.

한국의 일본어 교육현장에서의 블렌디드 러닝은 시작 단계라 할 수 있으며 2015 년부터는 그 사례를 통해 효과와 과제들이 보고되고 있다.

채경희(2015)는 블렌디드 러닝에서 일본어 교수자에게 요구되는 교수자의 역할을 교수설계자, 학습촉진자, 기술지원자, 평가자의 4개의 카테고리로 나누고 아래와 같이 제언하고 있다.

역할카테고리	세부역할 및 역량
교수설계자	• 학습프로그램 재구성자 - 교수법, 커리큘럼, 교재를 재구성할 수 있는 능력 • 학습활동 관리자 - 일본어를 실제 사용할 기회 및 이벤트 설정 능력 - 부단히 자기평가, 자기진단, 자기개조를 해나가는 정열과 의욕 - 학습비용 및 시간을 관리하는 어드바이져 능력
학습촉진자	• 학습 조력자 - 학습보조사, 코치 등 협력자로서의 능력 • 학습 안내자 - 일본어 및 일본 사정 일반에 관한 지식 능력(예문작성, 설명, 연습제시) • 학습동기 유발 및 유지자 - 학습동기 부여능력 • 상호작용 촉진자 - 학습자간, 또는 학습자와 교사간의 협동 능력 • 학습내용 전달자 - 전공분야에서의 높은 전문성 - 일본어에 대한 지식이해 능력(언어구조, 언어기능, 언어사항, 언어력) - 일본어교육 능력(커뮤니케이션, 문화리테라시, 각종 미디어의 활용)
기술지원자	• 학습정보 제공자 - 블렌디드 러닝 일본어 클래스에서 지식이 어디에 있는지, 어떻게 해석해야하는지 등 학습정보를 제공할 수 있는 능력 • 정보통신기술의 창조개발자 - 전공과 관련한 각종 미디어를 재구성하고 활용할 수 있는 능력 - 일본어 클래스를 위한 신지식 정보기술의 창조개발 능력 • 대학시스템 관리지원자 - 온라인상의 활동을 위한 시스템의 관리지원 능력
평가자	• 학습과정 및 학습결과 평가자 - 개별 기능(技能)의 평가력, 수정능력, 지도력

이 중에서 특히 세 번째 항목인 기술지원자로서의 역할은 글로벌화·정보화에 따른 정보통신 기술의 활용능력과 지도력이 한층 더 요구되어 중요시되는 역할임과 동시에 교수자에게는 가장 큰 부담이 되는 부분이기도 하다. 전통적인 교수설계자와 평가자의 역할에 학습촉진자와 기술지원자의 역할이 추가적으로 요구되는 것은 정보화 교육의 선상에서는 당연시되고 있다.

이와 같이 블렌디드 러닝의 효과를 극대화하기 위해서는 교수자의 정보통신 활용능력과 지도력이 한층 더 요구되고 교수자의 역량 강화를 위해서는 교수자 육성프로그램을 통한 체계적인 교육 또한 마련되어야 할 것이다.

2. 교사의 조건

본 장에서는 구체적으로 수업을 진행하는 데 있어 일본어 교수자의 조건에 대해 살펴본다.

2.1 일본어 능력

일본어 학습자는 일본어 교수자에게 표준적인 일본어 학습을 기대하고 있다. 음성적인 면에서는 발음, 악센트 인토네이션, 리듬, 유창함이 필요하고, 표준적이고 논리적인 담화로 전체적으로 알기 쉬운 일본어를 요구한다. 교수자는 학습자에게 일본어의 모델이 되므로 교수자의 일본어가 올바른 즉 표준적인 일본어가 되어야한다. 우선 교수자는 자신의 일본어를 돌아 볼 필요가 있다. 구체적인 조건은 다음과 같다.

1) 명쾌한 목소리

목소리가 작으면 일본어의 음성적인 특징을 학습자에게 전달하기 어려우므로 또박또박 발음을 한다. 한국어로 설명을 할 때에도 적절한 성량과 속도로 이루어져야한다.

2) 표준적인 악센트

일본어 모국어 화자 교사는 자신의 악센트에 방언적 특징이 없는지 살펴보고 문제가 있을 경우 교정을 해야 한다. 비모국어화자 교사는 부교재를 이용하여 표준적인 발음을 제시할 의무가 있다.

3) 간결하고 알기 쉬운 표현

장황하고 늘어진 설명은 학습자의 집중력과 수업에 대한 지속력이 떨어지므로 설명은 간결한 것이 원칙이다. 쉬운 부분은 신속하게 어려운 부분은 천천히 말하고 앞서 학습한 부분은 핵심을 짚어주는 방향으로 진행한다.

2.2 태도와 몸짓언어

1) 학습자의 이야기에 귀 기울이는 태도

커뮤니케이션은 서로의 생각을 전하고 합의에 도달하는 것이 목표이다. 따라서 발신 능력뿐만 아니라 수신능력 즉 학습자의 이야기를 받아들이는 태도가 중요하다. 일본어로 발신하는 자신감이 없는 학습자를 상대로 하기 때문에 말하기 쉬운 분위기를 만드는 것이 중요하다.

2) 몸짓 언어

교수자의 몸짓언어는 의사소통의 상호작용에 있어 말을 동반하여 의미를 보강하거나 약화시키기도 하고 심지어 반론까지 하는 중요한 역할을 한다. 한국의 교육 현장에서는 몸의 움직임에 대해 일반적으로 경박하게 여겨온 유교식 언어예절과 일방적 의사소통의 교수법에 기인한다. 그러나 쌍방향적 의사소통이 요구되는 현시점에서 언어능력 이외에도 몸짓 언어의 이해능력이 교사에게 요구되고 있다. 교수자의 일반적인 몸짓 언어는 다음과 같다.

- 학습자와 똑바로 서서 대한다.
- 학생이 발화시에는 눈을 마주치며 부드러운 눈빛으로 이야기를 거든다.
- 얼굴 표정은 진지하며 급하지 않고 미소를 짓는다.
- 가리킬 때는 손바닥을 위로해서 지시를 한다.
- 학습자에게 다가갈 때는 정면에서 다가가며 학생과의 거리는 악수를 할 수 있을 정도의 거리가 이상적이다.
- 개별 질문에 답을 할 때는 판서로 답을 해주며 칭찬을 할 때는 박수를 치게 한다.

또한 피해야 할 몸짓언어로는 팔짱을 끼고 바라보기, 학생의 시선을 피하기, 산만한 자세 등을 들 수 있다. 팔짱을 끼고 학습자를 바라보면 교수자는 방어적으로 보이며 학생의 시선을 피하는 자세는 자신감이 없음을 나타낸다. 교수자의 산만한 자세는 학습자에게 집중력을 흐리게 한다.

2.3 교수법에 대한 지식

교수법은 효과적인 교육을 위한 이론이다. 언어 교육에는 다양한 교수법이 개발 되고 있으며 지금도 보다 효율적인 교육을 위해 새로운 교수법이 연구되고 있다. 교수법은 지향하는 교육이론, 학습이론에 바탕을 두고 있으며 지도방법에도 독자적인 논리로 이루어져있다.

일본어 교육을 비롯한 언어교육에서는 다양한 교수법이 채용되고 있지만 절대적으로 옳은 교수법은 없다. 어떤 교수법을 선택할 것인지는 학습자의 조건에 달려있다. 교육현장에서는 학습목적, 학습조건, 학습자의 능력을 분석하여 특정 교수법을 선택하거나 여러 교수법을 혼합하여 채택하기도 한다.

학습자의 학습목적과 학습조건이 다양화 된 오늘날에는 교수자가 다양한 상황에 대응할 수 있도록 다양한 교수법을 익히고 수업에서 시행할 수 있는 기술을 숙지해야 할 필요가 있다.

2.4 학습자의 심리상태 이해

학습자의 심리상태는 학습 성과를 좌우한다. 교수자는 어떻게 가르칠 것인가가 아니라 학습자가 어떻게 학습하고 있는지를 파악해야 한다. 외국어을 학습한다는 것은 학습자의 모국어와는 다른 구조의 목표언어의 발음, 문법, 용법을 익히는 과정이므로 학습자는 다양한 불안을 느낀다. 예를 들면 목표달성에 대한 불안, 실수·오용에 대한 불안, 능력부족에 대한 불안 등이다.

교사는 이와 같은 불안을 해소하기 위해서는 일반적으로 다음과 같은 점을 배려해야 한다.

(1) 학습자의 능력과 레벨에 맞는 교재를 선택한다.

(2) 교재의 내용을 학습목표에 따라 진행한다.

(3) 학습계획을 충분히 설명한다.

(4) 학습자와 신뢰관계를 형성한다.

(5) 과도한 오용수정을 피한다.

(6) 학습 환경을 즐겁게 한다.

위의 사항 중 특히 (5)를 주의해야 한다. 학습자의 오용에 대한 대처는 매우 어려운 문제다. 교수자가 학습자의 오용을 철저히 교정하려고 하면 학습자는 긴장하며 소극적으로 되어 학습효과가 오르지 않는다. 교수자는 학습자의 자존감을 떨어뜨리지 않고 불안을 느끼지 않게 해야 한다.

가장 합리적인 교정정도는 학습자의 능력에 맞게 도달 수준을 정하는 것이다. 첫 단계는 일본인이 듣고 발화의도를 이해할 수 있는 레벨에 둔다. 이후 학습자의 능력에 따라 점차 정확한 일본어를 말할 수 있도록 지도하되 학습자의 자신감을 떨어뜨리는 교정은 피해야 한다.

2.5 교수자에 적합한 성격

일본어를 비롯한 외국어 교육 현장에서 교수자의 성격은 교실 활동의 분위기뿐만 아니라 교육성과에도 영향을 미친다. 발음을 교정하고 동사의 활용형을 지도하고 표기를 훈련시키는 등 시간과 노력이 드는 일이며 끈기를 요한다. 따라서 교수자는 밝고, 친절하며 끈기 있는 사람이 환영받는다. 성격이 밝은 사람이 목소리도 명확한 경우가 많으며 활발히 수업을 이끈다. 또한 반복된 연습은 학습자에게 지루한 작업이므로 이를 끈기 있게 이끌 수 있는 친절함 또한 교수자가 갖추어야할 부분이다. 끈기 있게 친절히 지도하는 교수자와 학습자는 신뢰감이 형성되고 그것은 학습효과로 이어진다.

제2장 수업 계획

1. 코스 디자인

코스 디자인이란 학습자의 배경을 알고 학습자의 학습 목표를 달성하기 위한 일본어 교수법의 준비를 총칭한다.

학습자의 도달목표를 정하기 위해서는 학습자가 필요로 하는 일본어에 대하 알아야 한다. 이것을 '요구조사'라고 한다. 학습자가 일본 기업에서 근무할 영업사원이라면 경어를 중심으로 한 겸양 표현이 필요하고, 일본인과 결혼하여 자녀를 둔 외국인 여성이라면 지역사회와 자녀의 학교에 대응할 일본어가 필요할 것이다. 이와 같이 학습자의 실태를 조사하고 학습자가 어떤 장면에서 어떤 활동을 위해 어느 정도의 일본어를 필요로 하는가를 분석하는 것이 '요구 분석'이다. 학습자의 모국어, 국적, 일본어 학습 정도 등 일본어 학습과 관련된 다양한 학습조건을 '레디네스(readiness)'라고 한다. '준비조사'에는 배경정보로서 모국어 이외에 가능한 외국어, 학습스타일(선호하는 학습방법, 지금까지 배워 온 외국어 학습 했는가 등)이 있으며 외적 학습 환경은 소유기기(비디오 DVD 등이 사용가능한지), 구입 가능한 교재비, 예습 복습에 필요한 시간 등 경제적, 시간적 조건을 들 수 있다.

요구와 준비조사 방법으로는 설문 조사법과 직접 질문하는 인터뷰법이 있다.

2. 교수학습 계획서(교수요목, syllabus) 디자인

'교수학습 계획서'는 교수요목, 학습할 항목이 나열된 리스트다. 학습자의 요구분석으로 목표언어의 범위가 정해지면 학습자가 코스에서 배워야 할 항목을 선택하여 작업에 들어가는데 이러한 작업을 '요목 디자인'이라고 한다. 학습목표의 중점을 어디에 두는가에 따라 학습항목의 정리 방법이 달라진다. 교수요목에는 결정시기에 따른 분류와 구성법에 따른 분류가 있다.

2.1 결정 시기에 따른 분류

1) 선행 교수계획과 후행 교수계획

선행 교수계획이란 학습이 시작되기 이전에 완성된 교수계획을 말한다. 후행학습계획이란 학습이 종료한 시점에 완성되는 교수계획을 말한다. 일반적으로 학교교육에서는 학생이 학습하기 이전에 교사가 1학기 혹은 1년간의 학습항목을 결정하고 계획을 세워 수업이 시행되는데 이러한 코스 디자인을 선행교수계획이라고 한다. 반면에 학습자의 학습항목에 대한 요구에 맞춰서 코스를 진행해 갈 수도 있다. 각 시간마다 학습한 항목의 기록이 '학습항목 리스트' 즉, 교수계획이 된다.

개인교습이나 소그룹에서는 후행교수계획이 효과가 있지만 대규모 그룹에서는 불가능하다. 또 교사에 의한 치밀한 선행교수계획은 변동의 여유가 없어 학습자의 요구가 반영되기 어렵다. 어느 쪽도 장단점이 있으므로 실제 교육현장에서는 단점을 보완하여 유연한 대응이 이루어지는 것이 중요하다.

2) 프로세스 교수계획

선행 교수계획과 후행 교수계획의 절충안으로 나온 것이 '프로세스 교수계획'이다. 수업 개시 전에 느슨한 코스 디자인을 한 후 수업 도중에 학습자의 요구에 맞추어 교수계획을 수정해 가는 방법이다. 이 방법은 학습자와 교수자가 학습의 전체 과정을 이야기하여 결정해 가므로 학습자의 자율적 능력이 필요하다. 즉 학습자의 명확한 문제의식이 필요하다고 할 수 있다.

2.2 구성법에 따른 분류

1) 구조 교수계획

전통적, 표준적 교수계획에서는 문장과 어형에 주목하는데 이를 '구조 교수계획'이라한다. 문법 항목이 문형으로 제시되고 어휘 항목과 함께 저난이도에서 고난이도로 배열된다.

장기적으로 일본어를 체계적으로 학습하기에 효과적인 교수계획이며 대학에서 전문 교육을 받으려는 학습자에게 적합하다. 그러나 실제 회화에 필요한 표현을 습득하기에는 시간이 걸리므로 단기체류자 등 단기학습에는 적합하지 않다. 또한 실용적인 회화 능력에는 영향을 미치지 않는다는 비판도 있다.

2) 기능 교수계획

'의뢰, 권유' 등 표현 의도나 언어기능에 주목하여 구성되는 것을

'기능 교수계획'이라 한다. 이 경우 문형과 기능이 1 대 1로 대응 하지 않기 때문에 형식을 체계적으로 학습하기에 곤란하므로 입문기의 학습자에게 부담이 크다. 그러나 실제 커뮤니케이션을 중시하고 장면에 관계없이 운용되므로 커뮤니커티브 어프로치에서는 장려되고 있다.

3) 장면 교수계획

기차 타기, 식당, 백화점 등 장면마다 필요한 어휘나 문형을 들어 배열하는 것을 '장면 교수계획'이라 한다. 해당 상황에서 바로 도움이 되므로 여행자, 단기체류자 등 커뮤니케이션의 긴급도가 높은 학습자에게 효과적이다. 반면, 상황이 다르면 응용하기가 어렵거나, 처음부터 어려운 표현이 나올 가능성이 높으므로 부정적인 면도 있다.

4) 화제(토픽) 교수계획

학습자의 흥미나 관심에 기반을 두고 선택된 화제를 각각 학습항목으로 정하므로 학습의욕이 높아지는 효과를 기대할 수 있다. 구체적으로는 '결혼', '교육제도', '여성의 사회진출' 등 관련 어휘와 배경정보도 학습할 수 있다. 일반적으로 중·상급자용이지만 '나의 가족', '휴일' 등의 주변 화제를 선택하면 초급자에게도 활용할 수 있다.

5) 기능 교수계획

읽기, 쓰기, 말하기, 듣기 의 언어의 4기능을 각각 학습항목으로 한 교수계획이다. 학습자가 특히 필요로 하는 기능을 주목하여 세분

화하여 구성한다. '읽기'의 경우라면 무엇을 읽고(신문, 설명문, 소설 등), 어떻게 읽을 것인가(정독, 다독, 속독, 대의 파악, 뛰어 읽기) 등 의 항목이 있다.

6) 과제(task) 교수계획

'일본요리를 만들어 파티하기', '연수여행 준비' 등 학습과 생활에 서의 과제를 학습목표로 하여 과제를 달성하기까지의 과정이 교수 계획으로 배열된다. 실제 언어활동을 기반으로 한 과제를 경험함으 로, 실용적인 회화 능력을 배양할 수 있으므로 다른 교수계획에 기 반으로 한 교과서에서도 복습이나 마무리로써 '과제 연습'을 이용하 는 경우가 많다.

이러한 교수계획이 실제 교육활동에서 한 가지만 사용되는 경우 는 없으며 위의 교수계획이 복합적으로 이용되고 있다.

3. 커리큘럼

코스 디자인으로 정해진 교육의 기본 방침을 실질적으로 실현할 구체적인 계획을 커리큘럼이라고 한다. 커리큘럼 작성에는 다음과 같은 조건이 확정되어야 한다.

(1) 학습기간 : 총 학습시간, 주별 시간
(2) 도달목표 : 익혀야 할 기능과 도달수준
(3) 교육방법 : 교수법, 지도법

(4) 교재 : 주교재, 부교재, 이용기기

(5) 교실활동의 내용 : 그룹, 개인 등

(6) 평가방법 : 시험시기, 평가수단 등

[커리큘럼의 예시]

기간	학습목표	교재	학습내용
제 1 주 (3시간)	자기소개와 인사 전화번호와 전화관용표현	일본어 첫걸음(가칭) : 제1과(2시간) 히라가나 연습장 : 1과-5과(1시간)	대화연습과 드릴연습 히라가나 읽고 쓰기 연습
제 2 주 (3시간)	날짜, 요일을 전하기 약속잡기	일본어 첫걸음(가칭) : 제2과 (2시간) 가타카나 연습장 : 1과-5과 (1시간)	대화연습과 드릴연습 롤 플레이

커리큘럼을 교육현장에서 실천하기 위해서는 매시간별 계획서도
필요하다.

[시간별 수업 계획의 예시]

분반 : 초급 1	일시 : 20○○년 ○월 ○일
담당교수 : ○○○	교재 : 일본어 첫걸음(가칭)
보조교재 및 교구 : 달력, 요일 카드	
오늘의 수업 목표 : 요일 학습, 약속하기	
도입항목 : 요일, 동사 ます형+ に行きましょう 연습	
연습내용 : 1) 요일 명칭과 날짜 연습 　　　　① ～月～日は何曜日ですか。 　　　　② 来週の～曜日は何日ですか。 　　2) 연, 월, 일의 표현 연습 　　3) ～に行きましょう의 연습 　　　　① 映画を見に行きましょう。 　　　　② プレゼントを買いに行きましょう。 　　　　③ 昼ごはんを食べに行きましょう。	
정리와 반성 :	

이와 같이 수업계획은 학습자의 요구, 준비조사를 통해 요구와 준비를 분석하고 교수계획을 디자인한다. 교수계획에 따른 구체적인 수업계획을 커리큘럼 디자인을 통해 작성하고 매 시간별 수업계획을 작성한다. 이를 기초로 교실활동을 한 후에는 교수법과 교재 등의 효과를 측정하고 스스로의 교수활동을 정리, 반성으로 이어져야 한다.

학습자가 다양해짐에 따라 교사는 자신이 직면한 현장에서 한 경험을 객관적으로 관찰하고 개선할 능력이 요구되고 있다. 그런 의미에서 교사가 자신의 교실 활동을 평가하고 개선해 가는 '정리와 반성'이 중요하다. 최근에는 橫溝紳一郎(2000)가 '액션 리서치(자기활동의 객관적 분석)'를 제언하고 있다.

제3장 다양한 교수법

1. 교수법의 흐름

외국어 교수법은 유럽사회에서 비롯되었다. 중세말기부터 영어와 독일어를 사용하면서 공통어인 라틴어가 점차 사용되어지지 않게 되자 문학작품이나 문헌 등 강독을 위해서만 라틴어를 배우게 되었다 이 교육법은 문법 번역법의 토대가 되었고 19 세기 후반까지 외국어교수법의 중심을 차지했다.

산업혁명 후 사람들의 왕래가 활발해진 유럽에서 외국어의 소통 능력이 요구되었고 음성학에 입각한 음성 교육법과 당시의 심리학을 응용한 자연스러운 교수법이 탄생했다. 20세기에 들어 목표언어를 사용해서 수업을 하는데, 그 중에 구두 의사소통을 중시하고, 일본어 교육에도 영향을 준 오럴 메서드가 있다.

제2차 세계대전으로 미국에서는 언어학자와 문화인류학자 등이 협력하여 군인 메서드(Army Mathod)를 개발했다. 군인 메서드는 큰 성과를 거두어, 외국어교육에 영향을 주게 된다.

제2차 세계대전 후, 구조언어학과 행동주의심리학 이론에 기초하여 오디오 링갈·메서드(Audio-lingual Approach)가 개발 되었다. 이 방법은 1950 년대부터 60 년대에 걸쳐 모든 외국어교육에 채용되었지만 의사소통능력이 잘 되지 않는 점과 학습자가 수동적인 입장이 되는 점이 비판되었다.

1970 년대에 들어서는 오디오 링갈 메서드에서의 결점인 의사소통능력을 보완하기 위해 커뮤니카티브 접근법이 개발되었다. 이는 언어강조 중심에서 의사소통을 중시하고, 학습자중심으로 변화되었음을 의미한다.

1970 년대와 1980 년대에는 언어학 중심에서 벗어나 심리학과 인지학습 이론에 기반을 둔 교수법인 사일런트 웨이와 의사소통 러닝, 토탈 피지컬 리스폰스, 서제스트 페디어, 내츄럴 접근법 등이 탄생했다. 그러나 학습동기, 목적 등 다양한 학습자를 하나의 교수법을 고정시키는 단점이 비판되고 있다.

따라서 학습자의 다양성을 인정하고 다양한 교수법의 장점을 취하는 절충주의적인 발상이 탄생했다.

외국어 교수법은 교사가 '어떻게 가르칠까?'에서 학생이 '어떻게 배울까?'로 바뀌었으며. 교사의 역할은 학생이 자율적으로 스스로 학습해 가는 것을 지원하는 촉진자적인 역할로 변화했다.

2. 다양한 교수법

2.1 문법 번역법

문법 번역법은 '문법 역독법'과 '대역법'으로도 불리며, 이 교수법으로 수업을 받은 사람들도 많다. 원래는 그리스어와 라틴어의 고전을 읽기 위해 사용되어진 것으로, 19 세기 후반에 독일의 칼프레츠에 의해서 이론화 되었다.

문법 번역법의 특징은 문법규칙과 어형변화를 외우고 모든 문장을 모국어로 번역하는 것보다 내용을 이해하는 데 있다. 지식훈련과 교양을 높이는 것이다.

교실에 학습자 수가 많아도, 단기적으로 문법, 어휘, 표기의 실력이 늘고, 독해능력과 번역능력, 작문능력을 양성하는데 적합하다는 장점이 있다.

단점은 번역이 주체가 되고, 실제 상황에서 회화능력과 듣기능력이 형성되지 않는 점이다. 또 교사주도형의 수업이 되고 문법사항의 학습이 학습자의 큰 부담이 되어 학습자가 흥미를 잃게 된다.

2.2 직접법

직접법은 학습자의 모국어를 매개로 하지 않고 목표언어로 직접 지도하는 교수법을 말한다. 외국어학습도 아동이 모국어를 익히는 것과 같이 자연스러운 과정으로 파악했으며 회화능력 습득을 목표로 하였다.

모국어와 같은 매개어를 사용하지 않고, 교사는 발음을 들려주고, 외국어로 말하면서 동작을 하고, 그 의미를 이미지화 시키는 방법이었다. 일본의 식민지정책과 함께 대만, 조선, 만주 등에서 실시 된 교수법이기도 하다.

대표적인 직접법으로 오랄 메서드가 있다.

오랄 메서드는 20 세기에 들어 영국 언어학자 파마가 제창한 구두 의사소통교수법이다. 스위스 언어학자 소슈어 등의 영향을 받았는데 10 가지의 공리로 정리된다.

(1) 언어는 언어기호(단어, 연어, 숙어, 어미, 접두사, 접미어 등)로 부터 된다.

(2) 언어는 언어습관인 조직체계와 언어활동인 운용 양면을 가진다.

(3) 언어학습은 언어기호와 의미의 조합 (언어기호의 의미를 이해) 및 그 양자의 융합으로 된다.

(4) 언어학습에서 습득해야하는 기능에는 일차적인 것과 이차적인 것이 있다.

(5) 듣기와 말하기는 일차적 기능(주요기능)이다.

(6) 읽기와 쓰기는 이차적 기능(부차적)이다.

(7) 번역은 이차적 기능이다.

(8) 발음은 언어에 필수요소며 어두, 어중, 어말로 정확히 발음해야 한다.

(9) 문법은 언어의 필수요소며 구성요소를 사용하여 문을 조합하는 문제를 다룬다.

(10) 이미 배운 어휘를 자유롭게 사용할 수 있는 것을 목표로 해야 하고 적은 어휘를 사용해서 충분히 연습 하는 것이 어휘를 늘리는 데 가장 도움이 된다.

파마는 외국어 학습도 아동이 모국어를 습득하는 것과 같은 과정을 거쳐 학습해야 한다고 생각했다. 아동이 회화체를 습득할 때 5개의 습성으로 ①소리식별관찰 ②구두모방활동 ③구두반복활동 ④의미화활동 ⑤유추작문활동이 있으며 외국어 학습에 도입하기를 주장했다. 이를 위한 연습으로 ①음을 듣고 구별하는 연습 ②발음연습 ③반복연습 ④재생연습 ⑤대체연습 ⑥명령연습 ⑦정형회화연습 7개를 고안하였다.

일본어 교육에서는 나가누마가 파마로의 이론을 일본어 교육에 응용했다. 합리적인 지도법인 '문답법' 등을 개발하여 일본어교수법의 토대를 마련했다.

2.3 구조언어학적 교수법

1) 아미 메서드(Army Method)

아미 메서드는 주임교관이 영어로 해설을 진행하고 일본계의 모국어 사용자가 언어자료를 제공하는 구두연습으로 나누어져 있다. 일상 수업에서는 주임교관이 발음, 문법, 용법 등을 해설하고, 일본인 조수는 그 학습사항을 철저히 일본어로 구두연습을 하는 방식이었다.

이러한 교수법은 모방과 기억에 주력하여 밈멤 교수법이라고 불렸다.

아미 메서드는 경이적인 성공을 거두었는데 그 이유는 계획적이고 집중적 훈련 시간이 확보되었고 우수한 군인을 학습자로 한 점, 일본인 조수에 의한 입과 귀로 철저한 훈련이 이루어졌고, 소수를 유지하기 위해 예산이 확보되었으며 성적이 나쁜 학습자는 원대복귀 명령이 내려졌기 때문이었다.

아미 메서드는 군대라는 특별한 환경에서 진행된 일본어교육으로, 일반적인 일본어교육에 적용할 수 없지만 미국의 오디오 링갈 메서드에 많은 영향을 준다.

2) 오디오 링갈 메서드 (Audio-lingual Method)

AL법은 ASTP의 영향을 끼쳤으며 1950년대부터 60년대에 걸쳐 대두 되었다. 미국 미시건 대학 프리즈에 의해 제창되었고 프리즈 메서드, 미시건 메서드, 오럴 접근법이라고도 한다. 일본어교육에도 큰 영향을 주었다.

AL법의 이론적 배경은 미국의 구조언어학과 행동주의심리학에 있다. 구조언어학은 언어의 본질은 문자가 아닌 음성이라도 보았다. 언어는 구조체이며 음소와 형태소, 언어 등으로 구성되고 형태가 있다고 생각했다. 또한 행동 심리학은 언어는 사회적인 습관으로 보았으며 외계의 '자극', 자극에 의한 '반응', 반응의 반복, 반응이 적절하다면 '강화'가 일어난다고 생각했다.

AL법의 교육방법의 특징은 다음 4가지이다.

1) 문자를 사용하지 않고 '귀'나 '입'의 훈련을 중심으로 한 음성 교육.
2) 문형을 정착시키기 위한 문형연습이나 문장의 모방과 암기 미니멀 페어 등의 연습을 반복한다.
3) 구조 시간표에 따라 커리큘럼이 구성되어 학습 항목은 쉬운 것부터 어려운 것으로, 사용빈도가 높은 문형으로의 순으로 배워나간다.
4) 교사는 정상속도로 말하고 새로 나오는 단어나 문형은 이미 배운 문형과 어휘를 사용해서 가르친다.

AL법 교수법하면 본 사례가 잘 알려져 있다. 예를 들면 「わたしは

りんごがすきです」라는 문에 대해, 교사가 「パン」등의 큐를 주고, 「わたしはパンがすきです」라고 학습자에게 자극과 반응을 이용하여 말하게 하는 대입연습이 있다.

AL법의 장점은 구두에 의한 반복 연습으로 발음과 문법이 기억되고 정확하게 익힐 수 있는 점, 문법적인 정리가 가능한 점, 문법적인 정리가 쉬운 점, 학교에서의 수업으로 적합한 점 등이다.

그러나 AL법은 언어보다 커뮤니케이션의 관점에서 다시 파악해야한다고 비판되었고 외국어 학습은 유의미하고 현실적인 커뮤니케이션능력을 향상을 목적으로 하는 흐름이 생기고, 그것이 커뮤니카티브 접근법으로 이어졌다.

2.4 커뮤니카티브 접근법(Communicative Approaches)

커뮤니카티브 접근법은 AL법의 단점을 보완하기 위해 1971년 유럽평의회의 제창한 유럽 성인 학습자를 위한 커뮤니케이션에 필요한 방법을 토대로 한 교수법을 가리키고 있다. 영국 언어학자 윌킨스는 새로운 교과의 필요성을 제안하였으며 '개념 강의'와 커뮤니카티브 접근법 교재 개발 및 교수 강의에 기여하였다. 또한 영국의 할리데이는 기능적 분석의 중요성을 설득하고 기능 언어학을 제창했다. 미국의 하임스는 언어 사용방법과 사회와 문화 속에서의 적절성에 착안하여 전달능력을 제창했다. 이로 인해 언어운용능력을 익힐 필요성이 높아졌다.

AL법에서는 단어의 구조에 집중하지만 커뮤니카티브 접근법은 개념, 기능 방법을 중시한다. 문법 능력이 있는 학습자라 하더라도 그 지식을 실제 상황에서 활용할 수 없는 경우가 많았으므로 실제

상황에 맞는 커뮤니케이션의 관점이 도입된 것이다. 예를 들면「これは何ですか → それは辞書です」와 같은 대답은 실제 사회에선 별로 사용하지 않는다.

커뮤니카티브 접근법의 장점은 현실의 커뮤니케이션에 가깝기 때문에 운용효과가 높고 학습자의 요구가 중시되기 때문에 빠르게 배울 수 있고 학습자의 관심을 이끌어 학습 의욕을 높일 수 있으며 언어형식의 정확도보다도 의미를 전달하는 것이 중시되므로 필요한 항목으로 배울 수 있다.

커뮤니카티브 접근법의 문제점은 문법을 단계적으로 도입하는 것이 어렵고, 문법과 발음에 정확함이 결여 된다는 점이다. 또한 고정적인 교수법이 없기 때문에 교사의 능력과 기량이 학습자에 영향을 미치고, 오용정정이 그다지 중시되지 않아서 잘못된 것을 그대로 외워버릴 우려가 있다. 학습자가 능동적으로 학습하지 않으면 효과가 미미하다는 점이다.

2.5 심리학과 인지학습이론에 기반을 둔 교수법

1) 사이렌트 웨이(Silent Way)

미국 수학자이자 심리학자인 가테노에 의해 개발 된 인지적인 교수법이다. 가테노에 의하면 아이는 무의식적으로 가설을 세우고, 그것을 시도하는 작업에 '시행착오'를 겪으며 바꿔 나간다고 한다. 언어교육에서도 학습 과정에서 학습자가 주의하고, 자각하고, 인식할 것을 촉구해야 한다고 역설했다. 교사는 가능 한 발화를 피하고 학습자의 자발적인 발화를 촉진하고 도와주는 역할에 충실해야 한다고 주장하였다.

2) 커뮤니티 랭귀지 러닝(CLL - Community Language Learning)

CLL은 미국 심리학자 카란이 개발한 교수법이다. 상담이론과 기법을 외국어교육에 응용한 것으로부터 상담학습이라고도 한다. CLL에서 교사는 카운슬러, 학습자는 클라이언트이며, 목표 언어를 학습할 때 학습자가 느끼는 두려움과 불안을 제거하는 것이 효과적인 학습으로 이어질 것이라고 생각하고 있다. 이를 위해 학습자와 교사가 일체가 된 지역 사회를 형성하고 교사는 가르치기 보다는 학습자에게 조언을 해주고 뒷받침하는 태도를 취한다.

카란은 교사와 학습자의 관계를 인간의 성장과정의 변화에 비유하여 5 단계로 나누어 파악하고 있다. 따라서 교사는 각 단계에 맞게 접근하는 법이 필요하다.

(1) 태아기 : 학습자는 목표 언어에 대한 지식이 없고 교사에 전적으로 의존한다.
(2) 태아 성장기 : 학습자는 조금씩 목표 언어로 말하기 시작하고 교사는 학습자의 조언의 요청에 응하고 도와준다.
(3) 탄생시기 : 학습자는 기본적으로 목표언어로 말할 수 있으므로 교사는 학습자에게 너무 간섭하지 말고, 오류 등은 고치지 않는다.
(4) 청년기 : 학습자는 다양한 표현을 할 수 있으므로 교사는 학습자의 요청에만 응하고, 틀린 발음과 문법, 표현 등을 고친다.
(5) 독립기 : 학습자는 교사로부터 독립하고, 의사소통을 자유롭게

할 수 있으므로 교사는 미묘한 말투와, 보다 정교한 표현을 지도한다.

CLL의 장점으로, 학습자의 희망에 따라 진행되는 것과 자유롭게 회화를 하는 즐거움을 들 수 있다. 하지만 교사는 학습자의 모국어와 목표언어에 대해서도 숙지해야 하며 지도에도 상담기법을 알아두어야 한다.

3) 전신반응교수법 (TPR - TotalPhysicalResponse)

미국의 심리학자 어셔에 의해 개발 된 교수법이다. 이 교수법은 듣기를 우선으로 하는 것으로 유아의 모국어 습득과정을 근거로 제2언어 습득에 응용했다. 유아는 이야기를 시작 전부터 듣는 행위를 하고 주위 사람들의 반응이나 행동을 보고 배운다. 따라서 TPR은 머리를 써서 외우는 것이 아니라 몸 전체를 사용해 자연스럽게 정착시켜 나가는 방법을 취하고 있다.

수업은 교사의 명령에 따라 학습자가 동작을 하는데, 학습자는 의미를 알아듣고 동작이 될 때까지 반복한다. 반복을 통해 학습자는 듣기 능력과 대화를 하는데 기본적인 지식을 키워 간다. TPR은 대뇌 생리학의 입장에서도 학습 효과가 지적되고 있다. 좌뇌에서 교사의 지시 문장을 이해하고, 우뇌에서 그 동작을 두 뇌를 활용하여 학습 효과가 늘어난다고 알려져 있다.

TPR 교수법은 강제로 발화를 유도하지 않으므로 긴장과 불안을 제거하고 듣기 능력을 늘릴 수 있고, 교사에게 매개 언어에 대한 설명과 문법 설명 등 특별한 기술을 필요로 하지 않는다. 그러나 다양한 문법 사항과 기능어휘, 실제 의사소통능력 습득에 한계가 있다고 비판받는다.

4) 서제스트 페디아(Suggestopedia)

서제스트 페디아는 불가리아의 정신과 로자노브가 개발한 것으로 암시의 힘으로 인간의 잠재 능력을 이끌어 학습 효과를 높이는 교수법이다. 이것은 '암시학'의 이론을 외국어 교육에 응용하여 체계화한 것으로 암시적 학습법이라고도 불린다.

로자노브는 학습자의 심리적 불안과 스트레스 등의 심리적 장벽을 제거하면 학습은 비약적으로 효과를 높일 수 있음을 주장하였고 이러한 상태를 만들기 위해서는 편한 공간과 교실 등의 학습 환경을 갖추어야한다고 강조했다.

일반적으로 수업은 3단계로 나누어지는데, 소개→ 콘서트 세션 → 엘라보레이션의 순이다. 먼저 교사가 교재 내용과 학습 항목을 학습자에게 소개한다. 이때 클래식을 틀어놓고 교사는 학습자에게 텍스트를 낭독하여 들려주고, 학습자는 그것을 듣고 이해한다. 후반에는 바로크 음악과 같은 느린 템포의 음악을 사용해 다시 텍스트를 낭독한다. 학습자는 편안한 상태에서 이것을 듣는다. 엘라보레이션 단계에서는 학습자의 언어 운용 능력을 높이는 연습을 한다.

서제스트 페디아 교수법은 학습자가 편안하면 집중력이 높아져 효과가 오른다고 평가받지만, 실제로 시설을 구비 등 경제적인 문제가 있다

제4장 평가 방법과 교재 분석

1. 평가활동의 목적

평가활동은 학습자의 성적판단과 도달범위를 측정하는 좁은 의미뿐만 아니라 넓은 의미의 교육전반에 관한 재검토활동이라고 볼 수 있다. 따라서 평가활동은 학습자를 관리하는 학습자목적, 학습목적이 있으며 교수자와 교실활동에 대한 교수법목적의 측면이 있다. 관리 목적으로는 입학시험, 성적처리, 분반시험 등이 있다. 학습을 목적으로 한 평가활동은 학습자의 동기를 높이고 학습효과를 볼 수 있다. 교수법 목적은 교수방법이나 교재의 효과를 확인하기 위해 평가활동을 하는 것이다. 정기시험은 성적을 처리하고 학습자의 학습상황을 파악하며 교수의 수업방법을 돌아보게 하는 수단이 된다.

2. 교육 기관의 평가활동

교육기관에서 실시하는 평가는 학습자의 능력평가, 수업과 교수의 질 평가로 나누어 볼 수 있다.

2.1 학습자의 능력 평가

레벨테스트, 정기테스트, 포트폴리오평가가 있다. 포트폴리오 평가
는 시험에서는 파악되지 않은 학습자의 학습과정을 자세히 평가할
수 있어 대체평가로서 최근 교육현장에서 적극적으로 도입되고 있다.

1) 레벨테스트

레벨테스트는 코스를 시작하기 전에 학습자의 적절한 분반을 위
해 학습자의 능력을 파악하는 테스트로 한국에서는 중고등학교에서
실시하는 배치고사와 비슷하다. 일본어 교육에서 레벨테스트는 일반
적으로 일본에서 일본어 교육기관에서 유학생을 대상으로 실시하는
경우가 대부분이다. 비슷한 레벨의 학습자를 같은 분반으로 배분함
으로써 교육의 효과를 높이고 학습자, 교수자에게도 매우 중요한 점
이라 할 수 있다.

2) 정기테스트

일반적으로 교육기관에서 실시하는 중간고사, 기말고사를 말한다.
정기테스트의 목적은 교수내용이 학습자에게 습득되었는지를 파악
하는 것으로 테스트 범위는 교수내용을 반영한 것이다. 따라서 커뮤
니케이션을 중시한 수업은 문법, 어휘의 지식을 측정하는 테스트는
적합하지 않다.

중간테스트와 기말테스트는 학습자의 성적을 내기위한 자료뿐만
아니라 교수자의 수업 내용을 반성하는 자료가 된다. 대부분의 학생
이 오답으로 답한 문항은 학습자의 습득 부족 요인 이외에도 교수방

법에 문제가 없었는지 살펴보아야 한다.

3) 퀴즈 (작은 테스트)

퀴즈의 목적은 학습자의 습득 정도를 확인하여 앞으로의 교수내용과 방법을 검토하고 학습자의 학습동기를 높이는데 있다. 따라서 학습자에게 과도한 부담이 되지 않도록 주의해야 한다.

4) 자기평가

자기평가란 학습자가 자신의 능력, 퍼포먼스에 대해 달성한 정도, 학습태도 등을 평가하는 것을 말한다. 일반적으로 학습자에게 평가란 수동적으로 받아들여지는데 자신의 능력에 대해 적극적으로 평가할 기회를 주는 것은 중요하다. 자기평가는 교실활동에 대한 평가, 언어능력에 대한 평가가 있으며 이를 통해 학습자는 학습에 대해 주체적이고 문제점을 파악할 수 있다. 따라서 학습 동기가 높아지는 장점이 있다.

그러나 자기평가는 학습자의 주관에 의한 것이므로 척도가 될 수 없다는 비판도 있지만 현재 '일본어능력시험', 'BJT비즈니스 일본어 능력테스트'와 같은 대규모시험은 수험자의 자기평가에 기초하여 레벨별 언어행동 기술(Can-do statements)을 공표하고 있다.

5) 피어 평가

피어평가란 학습자간 상호평가를 말한다. 작문, 스피치, 롤 플레이 등을 상호 평가함으로써 자신이 한 교실활동을 의식하여 학습의욕을 높일 수 있다.

6) 포트폴리오 평가

지금까지의 평가방법은 학습자의 지식을 테스트로 측정하고 득점으로 평가하는 방식이었다. 이 방법으로는 학습자의 발달과정을 평가하기에 한계가 있었고 이를 대체할 새로운 평가방식으로 대두된 것이 포트폴리오 평가이다. 포트폴리오는 디자이너나 예술가 등이 자신의 작품을 모은 파일을 칭하는 것인데 교육 분야에서는 '학습자 개인의 학습과정을 축적한 파일'이라는 의미로 사용된다. 포트폴리오 평가는 다음과 같은 특징이 있다.

(1) 학습자 개인의 학습과정, 성과 자료가 장기적으로 수집된다.
(2) 평가 기준은 평가지표(rubrics)를 사용한다.
(3) 학습자의 자기평가를 기본으로 한다.
(4) 자기평가가 익숙해지면 자율적 학습이 촉진되어 학습자의 학습 컨트롤 능력이 향상된다.
(5) 교수자는 학습자의 학습을 보조하는 형태로 지속적인 지원을 할 수 있다.
그러나 다음과 같은 단점이 지적되고 있다.

학습자의 자기평가가 기본이 되므로 평가에 대한 신뢰성이 문제가 되며 무엇보다 교수자의 부담이 가중되며 학습자가 대규모일 경우 실시가 불가능 하며 평가에 익숙해지는데 학습자와 교수자 모두에게 시간이 걸린다.

위와 같은 단점으로 포트폴리오 평가는 학습과정을 중시해가는 일본에서는 증가할 것으로 전망하지만 한국의 교육현장에서는 실시되지 않고 있다.

2.2 수업과 교수자 평가

최근 수업의 질을 향상시키기 위해서 수업평가와 교수자 평가가 활발히 진행되고 있다. 수업에 대한 평가는 동료 교수와 함께 되돌아볼 점과 과제를 검토하거나 학습자에게 설문조사를 실시하여 평가하는 경우가 있는데 한국의 대학교에서는 후자의 경우가 대부분이다. 수업평가는 교수자가 직접 실시하는 경우와 기관에서 실시하는 경우가 있는데 후자는 일본어 교육에 특화된 평가항목이 아니므로 구체적인 평가를 얻기 어려운 점이 있다. 직접 설문조사를 할 경우 다음과 같은 평가 항목은 포함되어야 한다.

(1) 수업의 난이도는 적절한가.
(2) 교사의 설명 방법이 이해도를 높이는가.
(3) 교사의 지시는 명확한가.
(4) 판서는 명확한가.
(5) 교재는 적절한가.

수업의 질을 높이는 방법으로 액션리서치(action research)가 있다. 액션 리서치는 교사가 자기 성장을 위해 액션(action)을 계획하고 교실에서 실시하여 결과를 관찰하고 반성하는 리서치(research)를 말한다. 일본어 교육경험이 적은 교수자는 '학습자에 대한 반응과 배려',

'다방면의 지식', '평가시점의 다각도', '자기개발능력'과 같은 점을 개선해야 하는데 이는 일본어 교육에서 학습항목이나 교수법뿐만 아니라 학습자에 대한 질문방식, 칭찬방법, 객관적으로 평가하는 방법 등을 항상 개선하려는 마음가짐이 필요함을 의미한다. 자기성장을 위한 액션리서치는 동료교사와의 협력을 통해 이루어져야 효과가 있다.

2.3 시험 평가

일반적으로 학습자의 능력을 평가하는 방법으로 시험을 통한 평가가 보편적이다.

1) 상대평가

상대평가는 한 집단에서 개인이 어떤 레벨인지를 밝히는 것으로, 학교교육에서는 5 단계평가, 시험결과에 따라 상위 30%를 'A', 다음 40%를 'B', 다음 30%를 'C'로 나누는 방법 등이 있다. 상대평가는 다음과 같은 특징이 있다.

(1) 같은 조건에서 상대적인 위치를 매김으로써 학습자의 능력과 노력의 결과를 측정하기 쉽다.
(2) 같은 조건에서 학습한 결과이므로 결과에 대한 납득이 쉽다.
(3) 다른 집단과의 비교가 어렵다.
(4) 개인의 능력과 발전을 측정하기 어렵다.

2) 절대평가

영어의 TOEFL, TOEIC과 같이 일정한 기준에 대해 개인이 어느 정도의 위치에 있는지를 밝히는 평가이다. 성적이 좋은 학습자가 많을 경우 제한 없이 등급을 부여할 수 있으므로 학습자의 노력이 평가에 반영되기 쉽다. 다만 채점자의 주관에 따라 편중될 위험이 있다.

2.4 시험 종류

시험은 일반적으로 언어 능력을 측정하는 언어 시험과 퍼포먼스 시험으로 나뉜다. 언어시험은 문법, 문자 등의 언어지식이나 듣기 말하기 등의 수용기능을 특정 하는 것이 목적으로 주로 시험 형식으로 이루어진다. 해답형식은 다지선택이나 단답식이며 채점이 비교적 간단하다. 하나의 항목에 학습항목 하나에만 집중시켜야 하므로 보다 넓은 능력을 측정하기 위해서는 많은 항목을 출제해야 한다.

퍼포먼스 시험은 커뮤니케이션 활동을 통해 언어기능을 측정하는 시험으로 일반적으로 말하기 시험과 쓰기 시험이 이에 해당된다. 채점자에 따라 채점결과가 다를 수 있어 평가자간 신뢰성이 낮다. 따라서 채점을 일정하게 유지 하는 것이 어렵지만 보다 직접적으로 커뮤니케이션 능력을 측정할 수 있는 장점이 있다.

채점 방식에 따라 객관식 시험과 주관식 시험으로 나눌 수 있다. 객관식 시험과 주관식 시험의 특징은 다음과 같다.

1) 객관식 시험의 특징

(1) 채점이 주관적이지 않아 신뢰성이 높다.

(2) 문제 작성에 시간이 걸리지만 채점은 간단하다.

(3) 문제를 많이 출제할 수 있다.

(4) 단편적인 학력 측정이 된다.

(5) 요행수로 답을 맞힐 가능성이 있다.

2) 주관식 시험의 특징

(1) 채점이 주관적이므로 신뢰성이 낮다.

(2) 문제 작성은 간단하지만 채점이 어렵다.

(3) 문제를 많이 출제할 수 없다.

(4) 종합적인 학력 측정이 가능하다.

(5) 실력이 결과에 반영된다.

2.5 형식별 문제 종류

시험 문제는 형식에 따라 다음 7가지가 대표적이다.

1) 다지선택 문제(multiple choice)

다항선택이라고도 한다. 두 개 이상의 선택지에서 정답을 고르는 시험형식으로 어휘, 문법, 문자 등의 언어요소별 문제나 듣기, 독해 등의 기능별 문제에 폭넓게 사용된다. 선택지는 4지가 가장 많으며 채점이 용이하고 누가 채점해도 같은 결과를 얻을 수 있지만 문항수를 많이 작성해야 하므로 시간이 걸린다. 선택지에 일본어로서 없는

표현이나 어휘를 제시하는 것은 학습자에게 오답을 제시하는 결과
가 되므로 피해야한다. 따라서 정답 이외의 선택지를 작성할 때는
학습자들의 오용을 평소 눈여겨보고 참고하면 작성에 도움이 된다.

2) 진위 문제 (true-false)

정오식(正誤式) 혹은 OX식이라고도 한다. 텍스트를 읽거나 들은
후 제시된 복수의 문장을 읽고 내용과 부합하면 O, 부합하지 않으
면 X를 기입하는 형식의 문제이다. 내용을 전혀 몰라도 정답을 맞힐
확률이 50%이므로 능력을 판별하기 어렵고 결과의 신뢰성에 문제
가 있다.

3) 조합 문제(matching)

여러 항목 중에서 선택하여 정답을 고르는 형식이다. 항목수와 선
택지의 개수가 동일하면 마지막 항목은 모르더라도 자동적으로 정
답을 얻을 수 있으므로 항목수보다 선택지를 많이 작성해야 한다.
어휘력, 문법 능력을 측정할 수 있으며 동의어 혹은 반의어를 선택
하는 문제, 전항만을 제시하고 후항을 선택하는 문법문제 등도 가능
하다.

예) ① 9月になり、(　　　　)涼しくなってきました。

② もう12時になりましたね。(　　　　)お昼ご飯をたべましょう

③ 忙しいので、(　　　　)勉強していません。

A そろそろ　　　B だんだん　　　C なかなか　　　D ぜんぜん

4) 완성 문제(completion format)

미완성의 문장을 제시하여 문장을 완성하는 형식이 대표적이다. 미완성의 후항을 다지 선택으로 답하는 객관식과 자유롭게 쓰도록 하는 주관식이 있다. 주관식으로 할 경우 다양한 답이 나올 수 있으므로 사전에 채점기준을 정해놓아야 한다.

예) 객관식 문장완성 형식

　明日９時までに駅に着きたかったら、＿＿＿＿＿＿＿＿＿＿

　① 今出発したほうがいいですね。

　② たぶん無理でしょう。

　③ 自転車で行くかもしれません。

　④ 急がなくもいいです。

예) 주관식 문장완성 형식

　① 母が反対しても、＿＿＿＿＿＿＿＿＿＿

　② 雨が降ったら、＿＿＿＿＿＿＿＿＿＿

5) 재배열 문제(re-arrangement)

임의로 나열된 단어나 문장을 일정 기준에 따라 바르게 재배열 하는 형식으로 어순이나 결합성을 측정하는 문제에 사용된다. 복수의 정답이 가능하므로 학습자에게 혼란이 생기지 않도록 과다한 어구나 문장 제시는 피해야 한다.

예) おそいから　　帰りましょう　　もう　　タクシーで

　　정답 : もうおそいからタクシーで帰りましょう。

6) 정정 문제(correction)

문장의 틀린 부분을 정정하는 형식으로 틀린 부분을 찾도록 하는 방법과 밑줄로 지정하여 정정하도록 하는 형식이 있다.

예)　① 日曜日にもここへ行きますか。

　　② 先週は先生が日本にまいりますか。

　　③ 窓を開けてあります。

　　④ 木村さんは日本に喫茶店をしています。

2.6 시험문제 작성 시 유의점

시험문제를 작성 할 때는 먼저 무엇을 측정할 것인가가 명확해야 한다. 도달 능력을 측정할 경우 코스의 목표나 수강편람과 시험 내용이 모순되지 않도록 해야 한다. 시험문제를 작성하기 위해서는 측정하려는 능력과 언어기능의 종류, 문법, 어휘의 지식 등 하위 항목을 정의해 둘 필요가 있다.

또한 측정하려는 능력이 타당성을 가져야 한다. 회화 능력을 필기 시험만으로 측정하는 것은 타당성이 낮은 것이며 듣기문제에서 해답의 선택항목에 한자가 많으면 한자시험인지 듣기 시험인지 특정 짓기 어렵다.

시험문제는 신뢰성이 높아야 한다. 시험문제의 지시가 불명확하여 답하기 어려운 문제는 신뢰성이 낮으며 선택지가 적어 우연히 정답을 맞힐 가능성을 유발하거나 복수의 정답이 존재하는 다지선택 문제는 주의해야 한다. 또한 문제수가 적거나 해답시간이 짧은 문제도 피해야한다.

채점은 신뢰성을 기반으로 이루어져야 한다. 특히 작문과 인터뷰와 같이 운용능력을 측정하는 시험은 사전에 명확한 채점기준을 정하고 채점자간의 차이가 생기지 않도록 배려해야 한다.

2.7 다양한 일본어 시험

대규모 일본어 시험으로 일본어능력시험(JLPT), 일본유학시험(EJU), BTJ비즈니스일본어능력시험 등이 있으며, 교육과 연구에 활용되는 회화능력시험(OPI)이 있다. 모든 시험은 홈페이지에서 실시요강과 결과개요가 개제되어 있다.

1) 일본어능력시험(JLPT)

일본어능력시험은 1984년부터 재단법인 일본국제교육지원협회와 독립행정법인 국제교류기금이 실시하고 있는 시험으로 일본과 해외에서 일본어를 모국어로 하지 않는 사람을 대상으로 일본어 능력을 측정하고 인정하는 것을 목적으로 한다.

2009년부터는 연 2회(7월과 12월)에 실시하는 것으로 개정되었고 2010년부터는 4단계 레벨인정에서 5단계 레벨인정으로 개정되었다. 새롭게 개정된 레벨은 N1이 가장 높은 레벨이며 N5가 가장 낮은 레벨이다. 또한 시험 과목은 문자, 어휘, 문법을 통합한 '언어지식',

'독해', '청취'의 3종류로 설정되어 종합적인 커뮤니케이션 능력을 측정하는 것을 목표로 한다.

새롭게 개정된 것으로 '일본어능력시험 Can-do'를 공표하고 있다. 이는 각 레벨의 합격자가 일본어를 사용하여 어느 정도가 가능한지를 이미지화 한 것으로 '듣기', '말하기', '읽기', '쓰기' 영역별로 20개의 리스트를 소개하고 있다. '듣기'를 예로 소개하면 아래와 같다.

(https://www.jlpt.jp/about/pdf/candolist_korean.pdf에서 인용)

2017 년 제2회(12월 실시)는 일본 47 도도부현, 해외 80 개국, 239 개 도시에서 실시되었고 약 90 만 명이 응시하였다.

2) 일본유학시험(EJU)

독립행정법인 일본학생지원기강이 2002년부터 연2회(6월과 11월) 실시하며 외국인유학생이 일본의 대학(학부)에 입학하고자 할 경우 일본어 능력 및 기초학력을 평가하기 위해 실시된다.

레벨 평가가 아닌 단일 척도이며 영어의 TOEFL과 같은 득점등화(得點等化)방식으로 성적은 2 년간 유효하다. 시험과목은 일본어, 종합과목, 수학이며 일본어는 기술문제, 청해문제, 청독해문제, 독해문제 등 4 영역으로 이루어져있다. 기술문제는 제시된 2 개의 테마 중 하나를 선택하여 400 자 이상 500 자 이하로 기술하는 주관식 문제이다.

2018 년 제1회(6 월실시) 시험은 일본의 16 개 도시, 해외 14 개국 17 개 도시에서 실시되었고 2 만 9 천여 명이 응시하였다. 한국에서는 서울과 부산에서 실시되었다.

			N1	N2	N3	N4	N5
어렵다 ↑	1	정치 또는 경제 등에 관한 텔레비전의 뉴스를 보고 요점을 이해할 수 있다.					
	2	최근 언론에서 화제가 되고 있는 것에 관한 이야기를 듣고 내용을 대충 이해할 수 있다.					
	3	공식적인 장소(예: 환영회 등)에서 연설을 듣고 내용을 대충 이해할 수 있다.					
	4	뜻밖의 일(예: 사고 등)에 대한 방송을 듣고 대충 이해할 수 있다.					
	5	업무 또는 전문적인 내용과 관련된 문의가 왔을 때 내용을 이해할 수 있다.					
	6	관심이 있는 테마에 대한 강의 또는 강연을 듣고 내용을 대충 이해할 수 있다.					
	7	학교나 직장에서 회의에 참가하여 이야기의 흐름을 이해할 수 있다.					
	8	관심이 있는 테마에 대한 토의 또는 토론을 듣고 내용을 대충 이해할 수 있다.					
	9	주변의 일상적인 내용에 관한 텔레비전 프로그램(예: 요리, 여행)을 보고 대충 이해할 수 있다.					
	10	주변의 일상적인 화제(예: 여행 계획, 파티 준비)에 대해 의논할 때 이야기의 흐름을 이해할 수 있다.					
	11	표준어를 사용하는 텔레비전 드라마 또는 영화를 보고 대충 이해할 수 있다.					
	12	상점에서 상품에 대한 설명을 들었을 때 알고 싶은 내용(예: 특징 등)을 알아들을 수 있다.					
	13	역 또는 백화점의 안내 방송을 듣고 대충 이해할 수 있다.					
	14	주변 사람과 잡담 또는 자유로운 대화를 했을 때 내용을 대충 이해할 수 있다.					
	15	간단한 길 안내, 갈아타는 법에 대한 설명을 듣고 이해할 수 있다.					
	16	주변의 일상적인 화제(예: 취미, 음식, 주말 계획)에 대한 이야기를 대충 이해할 수 있다.					
	17	간단한 지시를 듣고 무엇을 해야 할지 이해할 수 있다.					
	18	선생님이 지시하는 집합시간, 장소 등을 알아들을 수 있다.					
쉽다 ↓	19	상점, 우체국, 역 등에서 자주 사용하는 말(예: "어서 오세요", "○○엔입니다", "이쪽으로 오세요")을 듣고 이해할 수 있다.					
	20	교실에서 선생님 또는 친구가 하는 간단한 자기소개를 듣고 이해할 수 있다.					

※각 레벨의 합격자가 '할 수 있다'고 생각하는 비율을 4단계로 나타내고 있습니다.
비율 계산에는 '합격 라인 부근의 합격자' 만의 회답 결과를 사용하였습니다.
상세한 내용은 '리스트 작성 방법'을 참고해 주시기 바랍니다.

- ☐ 25%미만
- ☐ 25%이상, 50%미만
- ▨ 50%이상, 75%미만
- ▓ 75%이상

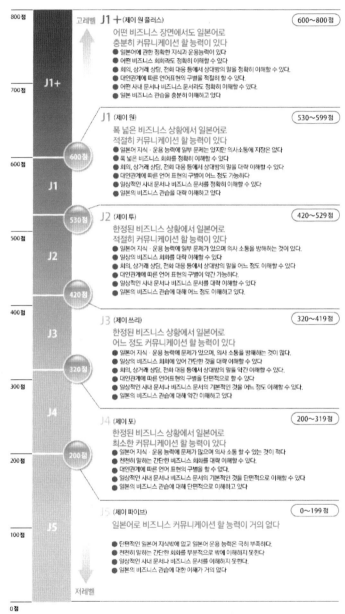

800점

700점

600점

500점

400점

300점

200점

100점

0점

고레벨

J1+

J1

J2

J3

J4

J5

저레벨

600점
530점
420점
320점
200점

J1＋ (제이 원 플러스) .... 600~800점

어떤 비즈니스 장면에서도 일본어로
충분히 커뮤니케이션 할 능력이 있다
● 일본어에 관한 정확한 지식과 운용능력이 있다
● 어떤 비즈니스 회화라도 정확히 이해할 수 있다
● 회의, 상거래 상담, 전화 대응 등에서 상대방의 말을 정확히 이해할 수 있다
● 대인관계에 따른 언어표현의 구별을 적절히 할 수 있다
● 어떤 사내 문서나 비즈니스 문서라도 정확히 이해할 수 있다
● 일본 비즈니스 관습을 충분히 이해하고 있다

J1 (제이 원) .... 530~599점

폭 넓은 비즈니스 상황에서 일본어로
적절히 커뮤니케이션 할 능력이 있다
● 일본어 지식·운용 능력에 일부 문제는 있지만 의사소통에 지장은 없다
● 폭 넓은 비즈니스 회화를 정확히 이해할 수 있다
● 회의, 상거래 상담, 전화 대응 등에서 상대방의 말을 대략 이해할 수 있다
● 대인관계에 따른 언어 표현의 구별이 어느 정도 가능하다
● 일상적인 사내 문서나 비즈니스 문서를 정확히 이해할 수 있다
● 일본의 비즈니스 관습을 대략 이해하고 있다

J2 (제이 투) .... 420~529점

한정된 비즈니스 상황에서 일본어로
적절히 커뮤니케이션 할 능력이 있다
● 일본어 지식·운용 능력에 일부 문제가 있으며 의사 소통을 방해하는 것이 있다.
● 일상의 비즈니스 회화를 대략 이해할 수 있다
● 회의, 상거래 상담, 전화 대응 등에서 상대방의 말을 어느 정도 이해할 수 있다
● 대인관계에 따른 언어 표현의 구별이 약간 가능하다.
● 일상적인 사내 문서나 비즈니스 문서를 대략 이해할 수 있다
● 일본의 비즈니스 관습에 대해 어느 정도 이해하고 있다.

J3 (제이 쓰리) .... 320~419점

한정된 비즈니스 상황에서 일본어로
어느 정도 커뮤니케이션 할 능력이 있다
● 일본어 지식·운용 능력에 문제가 있으며, 의사 소통을 방해하는 것이 많다.
● 일상의 비즈니스 회화에 있어 간단한 것을 대략 이해할 수 있다
● 회의, 상거래 상담, 전화 대응 등에서 상대방의 말을 약간 이해할 수 있다.
● 대인관계에 따른 언어표현의 구별을 단편적으로 할 수 있다
● 일상적인 사내 문서나 비즈니스 문서의 기본적인 것을 어느 정도 이해할 수 있다.
● 일본의 비즈니스 관습에 대해 약간 이해하고 있다

J4 (제이 포) .... 200~319점

한정된 비즈니스 상황에서 일본어로
최소한 커뮤니케이션 할 능력이 있다
● 일본어 지식·운용 능력에 문제가 많으며 의사 소통 할 수 있는 것이 적다
● 천천히 말하는 간단한 비즈니스 회화를 대략 이해할 수 있다.
● 대인관계에 따른 언어 표현의 구별을 할 수 없다.
● 일상적인 사내 문서나 비즈니스 문서의 기본적인 것을 단편적으로 이해할 수 있다
● 일본의 비즈니스 관습에 대해 단편적으로 이해하고 있다

J5 (제이 파이브) .... 0~199점

일본어로 비즈니스 커뮤니케이션 할 능력이 거의 없다

● 단편적인 일본어 지식밖에 없고 일본어 운용 능력은 극히 부족하다.
● 천천히 말하는 간단한 회화를 부분적으로 밖에 이해하지 못한다
● 일상적인 사내 문서나 비즈니스 문서를 이해하지 못한다.
● 일본의 비즈니스 관습에 대한 이해가 거의 없다

*상기의 커뮤니케이션 능력은 BJT측정에 의해 추정된 능력을 말합니다.

3) BJT 비즈니스 일본어능력 시험

1996년부터 실시된 시험으로 재단법인 일본어한자능력검정협회가 주관하고 있다. 시험의 목적은 비즈니스 현장에서 필요한 일본어 소통능력을 측정하는 것으로 청해시험, 복합시험(청해와 독해가 합쳐진 시험), 독해시험 등 3부로 구성되어 있다.

응시자의 자기평가 결과로 작성된 'CAN DO 리포트'를 공표하여 구체적인 장면에서 이루어지는 언어활동에 대해 레벨별 운용능력을 제시하고 있다.

(http://www.bjttest.com/에서 인용)

4) Oral Proficiency Interview(OPI)

OPI는 미국외국어교육협회(ACTFL)에서 개발한 회화능력시험으로 일본어를 포함한 40개 언어가 개발되어 있다. 시험방식은 30분간 시험관과 1대 1로 인터뷰를 진행하고 이를 녹음하여 수험자의 과제 달성능력을 판정한다. 레벨은 2012년 지침에서 높은 순서로 탁초급(卓超級, Distinguished), 초급(超級, Superior), 상급(Advanced), 중급(Intermediate), 초급(初級, Novice) 등 4단계이고 탁초급과 초급(超級)을 제외한 레벨은 다시 3개의 하위레벨로 나뉘어 총 10개의 레벨로 구성된다. 판정의 척도와 기준이 구체적이고 능력이 명확히 제시되어 일본어 교육에서도 응용하려는 시도가 이루어지고 있다. 평가기준을 소개하면 다음과 같다.

[OPI의 평가기준]
탁초급(卓超級) : 매우 복잡하고 논리정연하게 구성된 긴 담화가

가능하다. 문화적, 역사적 근거들을 사용하여 짧은 말에 많은 의미를 담아 간명하게 이야기 할 수 있다. 구두담화는 보통 문어 담화의 특성을 더 많이 지닌다.

초급(超級) : 근거가 있는 의견을 말하거나 가설을 세울 수 있고 구체적, 추상적인 화제도 토론할 수 있다. 공식적인 장면, 사적인 장면에서 언어적으로 대처할 수 있다.

상급 : 과거, 현재, 미래 등의 시제를 사용하며 자세한 묘사와 서술이 가능하며 복잡한 상화에 대처할 수 있다.

중급 : 질문하거나 질문에 대답하는 등 자발성이 있으며 간단한 대면형 회화가 유지될 수 있다. 목표언어의 문화에서 서바이벌 할 수 있다.

초급(初級) : 주로 단어, 어구, 암기한 문장에 의존하며 자발성이 없으며 서바이벌 할 수 없다

3. 교재 분석

3.1 교재의 종류

교재가 어떤 것인지는 학교 수업시간을 떠올려 보면 이해하기 쉽다. 교과서가 있고 함께 사용하는 학습장(워크북)이 있다. 수업에서는 교수자가 기구를 사용해서 음성을 들려주거나 한다. 이처럼 교과서, 텍스트 등 교육정보가 담긴 매체를 교재라 하며 컴퓨터나 화이트보드 등 교재 이용을 위한 도구를 일반적으로 교구라고 한다.

교재에는 말하기, 듣기, 읽기, 쓰기의 4기능 습득이 가능한 교과서를 주교재라 하며 그 이외는 워크북, 한자연습장 등과 같이 특정 기능만을 배우는 것을 부교재라고 한다. 부교재에는 그림카드, 롤플레이에 사용되는 롤카드, 과제에 사용되는 유인물(워크시트라고도 한다)이 있으며 실물 또한 학습자의 학습 동기를 부여하는 교재이다.

현재는 인터넷을 이용한 디지털 자료도 풍부하여 이를 이용할 수 있는 정보처리능력이 일본어 교수자에게 요구된다.

3.2 교재 개발과 저작권

교재 개발이란 학습자에게 맞는 카드, 유인물 등의 교재를 만드는 것을 말한다. 카드와 같이 보조적인 것도 있으며 신문이나 방송내용을 이용한 워크시트도 있다. 기존 미디어자료나 인터넷에서 교재를 만들 경우 저작권에 주의해야한다. 저작권프리 이외는 원칙적으로 저작권자에게 동의를 구해야 하며 인터넷을 이용할 경우 저작권 프리를 이용하는 사회적 통념이다. 국제교류기금이 운영하는「みんなの教材サイト」와 같이 교재개발을 위한 사이트도 있다.「みんなの教材サイト」에는 그림, 일러스트, 사진 등을 이용할 수 있으며 저작권과 일본어 교육을 배려한 교재개발이 가능하다.

「みんなの教材サイト」: https://minnanokyozai.jp/kyozai/top/ja/render.do

3.3 현재 일본어 교재의 문제점 – 인지언어학 관점에서

일본어 교재는 자연스러운 일본어를 목표로 교수자는 자연스러운 일본어를 교육하는데 주안점을 두고 있다. 인지언어학의 관점에서 姫野伴子・近藤安月子(2009)는 일본어 교과서의 문제점을 다음과 같이 지적하고 있다.

인지언어학에서 본 일본어 화자는 보이는 대로 이야기하며, 공동으로 이야기한다고 보고 있다. 감정, 감각을 나타내는 형용사문은 '私はうれしいです'가 아니라 'うれしい!'를 표제어로 제시해야한다고 주장한다. 그 이유는 うれしい와 같은 심리적 서술문은 본래 화자만 직접 체험한 심리적 과정을 나타내며 이러한 심리적 과정을 표현하는 화자는 자신을 표현의 대상으로 여기지 않으므로 문장에서 드러나지 않는다고 본다.

또한 방향성을 가진 동사에 대해서는 앞으로의 행위가 화자에게 일어나는 경우 '～てくらる"～てもらう"～てくる'를 사용할 필요가 있으며 '＊彼女が私に貸した'"＊彼が私に連絡した'와 같은 문장은 사용하지 않음을 지도할 필요가 있다. 수수표현과 수동 표현의 지도에서는 다음과 같은 도식에 보듯이 대조성을 고려한 해설도 필요하다.

일어난 사건	→ 화자의 내면에 긍정적 심리변화 ⇒ 은혜의 수수표현 → 화자의 내면에 부정적 심리변화 ⇒ 수동 표현

이와 같이 일본어의 사태파악 특징을 반영한 자연스러운 일본어를 학습자에 제시하고 이해, 정착시키는 것이 중요하다고 할 수 있다.

일러스트나 그림 교재는 종래에는 객관적 구도의 교재가 일반적으로 사용되었지만 인지언어학적 관점에서는 화자의 입장에서 묘사된 그림을 활용되어야 한다고 제안한다. 예를 들면 수수동사의 일반적인 그림은 あげる의 경우, 두 사람이 서로 마주보고 화살표와 함께 선물을 내밀며, 다른 한쪽이 팔을 뻗고 있는 구도이다. もらう는 화살표와 함께 한쪽이 선물을 받고, 다른 한쪽이 팔을 뻗어서 주려고 하는 구도이다. あげる, くれる 모두 객관적인 묘사가 적절하다.

이에 비해 くれる는 화자에게 향해진 구심적인 동작이므로 화자가 묘사되어서는 안 된다. 즉 선물을 주는 쪽이 정면을 향하고 화살표와 함께 선물을 내밀며 받는 쪽은 모습을 보이지 않고 선물을 받는 손만 그려져 있는 것이 더 효과적이라 할 수 있다. 구체적인 예는 『日本語の教え方スーパーキット』의 그림카드(V-50)를 참고할 수 있다.

제5장 일본어 교육과 언어학

1. 언어학 지식

1.1 언어학 지식의 필요성

일본어 교육에서 언어학이란 일본어를 전 세계의 다른 언어와 어떤 특징이 있는지를 객관적으로 인식하는 것이다. 다른 언어와 비교함으로써 일본어 특징을 잘 파악할 수 있다. 언어학은 언어가 사회에서 어떻게 쓰이는지, 언어와 사고방식의 관계, 화자의 의도, 제2언어 학습자의 심리연구를 생각하는 것도 언어학의 한 분야다.

이러한 지식은 일본어 교육자가 갖추어야할 기본 소양으로 이를 다루는 기초학문이 언어학이다.

1.2 구조주의(기술언어학)

구조주의 언어학은 소쉬르의 『일반언어학강의』(1916)를 출발점으로 본다. 이 이론을 현재의 형태로 완성한 이는 블룸필드의 <<언어>>1933이다. 이를 촘스키가 강하게 비판하여 현재는 '옛날 이론'이란 이미지가 강하지만 언어의 형식을 기술하는 데에는 아직도 유효한 방법이며 일반적인 문법설명은 대개 구조주의 언어학의 틀에 따른다. 구조주의 언어학은 언어의 분석을 음운론, 형태론, 통어론, 의미론으로 나누어 설명한다.

구조언어학이 새롭게 제시한 것은 무엇인가? 그것은 언어학의 대상을 개별적인 기호나 문장이 아니라 언어를 사용하는 사회적 규칙, 사회적 약속으로 정의한다. 남들이 알아듣게 하려면 문법이라는 사회적 약속과 규칙에 따라야 한다. 그래서 소쉬르는 언어란 사회적 규칙이라고 했고, 이 사회적 규칙 언어를 '랑그'라고 불렀다. 그런데 특정한 대상에 대해 어떤 기호를 사용할 것인가 하는 것은 자의적이다. 한편 기호는 이미 존재하는 다른 기호들과 관계 속에서 사용되고, 그것과의 관계 속에서 의미를 갖게 된다. 다시 말해 어떤 기호의 의미는 다른 기호와의 관계 속에서 결정된다. 이런 생각은 나중에 구조주의의 중요한 사고방법으로 이어진다.

1) 음성학, 음운론

모든 언어의 교과서는 발음에 관한 설명으로 시작한다. 발음을 모르면 문자를 보더라도 어떻게 읽어야 할지 모르게 때문이다.

일반적으로 말은 문자로 표현된다고 생각하기 쉽지만 문자를 갖지 않는 언어도 흔하다. 예로 아이누어는 현대에 들어서 가타카나나 로마자로 표기하지만 오랜 역사 속에서 아이누어는 문자를 갖지 않았다. 그렇지만 아이누어는 존재하는데 발음이 있었기 때문이다. 문자가 없어도 발음만 있으면 언어는 존재하는 것이다. 발음이야말로 언어 존재의 기반이다. 이와 같이 발음에 관한 연구 분야가 음성학과 음운론이다.

음성학은 영어, 일본어, 한국어와 관계없이 다양한 언어음에 대해 입모양, 혀의 위치에 따른 발음법, 주파수 등의 음향적 특징을 다룬다. 발음의 물리적인 측면에 초점을 둔 분야다.

음운론은 일본어, 영어 등 특정 언어를 한정하여 의미를 고려해서 발음을 다룬다. 예를 들면 r과 l은 발음법이 다르므로 음성학에서는 다른 음으로 취급된다. 그러나 일본어에서는 의미의 차이가 없이 일괄적으로 다루어진다. 일본어 교육에서는 음성학과 음운론을 구분하지 않고 '음성학'으로 부르며 발음에 관한 모든 것을 논하는 경우가 많다.

2) 형태론

말을 형성하는 가장 기본 단위는 무엇인가라고 물어보면 많은 사람들이 '단어'라고 말한다. 그러나 의미를 가진 가장 작은 단위는 '형태소'다. 이 형태소에 대해 연구하는 것이 형태론이다.

受け売り(한 단어) → 受け(형태소)＋売り(형태소)

형태소는 의미를 가진 가장 작은 단위로 명확하게 정의하지만 '단어'는 명확하게 규정되지 못한다.

형태소에는 단독으로 사용되는 자유형식의 형태소(예를 들면 학생)와 단독으로 사용되지 못하는 구속형식의 형태소(예를 들면 '-들')가 있다. 또한 동사의 활용에서 보이는 다양한 형태를 이형태(異形態)라 한다.

立つ : 立ち、立て

鳥 : 渡りどり

3) 통어론

통어론이란 문의 구조를 연구하는 학문이다. 일본어는 동사가 문미에 오고 수식어는 피수식어의 앞에 온다든지 조사는 명사, 대명사의 뒤에 온다는 큰 규칙이 있다. 또 주어가 반드시 명시되어야 할 필요성은 없는 것이 일본어 문장의 통어론적 특징이다.

4) 문법

구조주의 언어학에는 '문법'의 영역이 없다. 일본어 교육에서 말하는 '문법'은 형태론과 통어론을 합쳐놓은 것이다. 품사구분, 활용은 형태소에 관한 것이며 어순은 통어론에 해당된다.

어학 교육에서는 주로 통어론보다 형태소에 많은 비중을 둔다. テ形、辞書形、イ形容詞、ナ形容詞라는 용어를 사용하여 '형태소'에 대해 설명을 한다. 통어론은 문형을 제시하여 경험적으로 알게 한다.

5) 의미론

의미에 관한 연구이다. 의미에는 필수 불가결한 의미(개념적 의미)와 많은 사람들이 이미지로 갖고 있는 의미(내포적 의미)가 있다.

소녀 : 미성년의 여성 (개념적 의미)
금붕어 : 붉은색 (내포적 의미)

현대는 내포적 의미가 더 중시되는 경우가 많다. 가리키는 것은 같아도 열등한 이미지를 환기 시키지 않는 보다 좋은 내포적 의미의 말로 바꾸려는 의식이 강하다. 예를 들면 便所 보다는 トイレ의 사용이 그러하다.

일본어 교육에서 가장 문제가 되는 것이 '유의어'의 구별이다. 단어가 다르면 반드시 어떤 의미의 차이가 존재한다는 것이 의미론의 대원칙이다. 일본어 교사는 '유의어사전'을 늘 곁에 두고 봐야한다.

6) 담화분석

구조주의에서는 최대 언어단위는 문이다. 그러나 현실에서는 단문이 아니라 복수의 문장이 모인 '담화'나 '문장(텍스트)'를 이룬다. 문의 한 덩어리를 단위로 설정해서 그 구조를 분석하는 것을 담화분석이라고 한다.

담화는 문과 문의 연결이 있어야 한다. 이를 '결속성'이라고 한다. 결속성은 형식적으로는 접속사, 대명사로 명시되고 내용적으로는 일관성을 필요하며 담화와 문장이 자연스럽게 받아들여지기 위해서는 화제의 배열이 중요하다. 배열은 언어마다 다르며 어순이 있듯이 이야기의 전개법이 존재한다.

일본어에서 의뢰를 할 때는 사정, 이유를 길게 설명하는데 이는 문화와 사회 고유의 사고법이 존재하기 때문이다. 일본어 교과서에서는 본문이나 장문의 독해교재에서도 주의해야 하며 교육에서 다루어져야한다.

7) 어용론(프라그마틱스)

말은 사전에 실린 대로의 의미나 문법의미로 사용되는 것은 아니다. 예를 들면 「暑いなあ」는 「エアコンを入れてほしい」의 의미를 내포하며 「何か書くものをもっていますか」는 「ペンを貸して下さい」의 의미로 사용된다.

일본어학습자가 일본의 사회나 관습에 대해 지식이 필요한 이유

가 여기에 있다. 어용론은 언어학에서 아직 새로운 분야며 발전가능
성이 있다.

1.3 인지 언어학(인지 의미론)

말의 의미는 사물을 어떤 측면에서 보는가에 따라 달라진다.

구조주의에서는 의미는 고정적이며 사전에 실린 의미가 구조주의
적 의미론이다. 이에 반해 어용론에서는 화자의 의도, 청자의 해석
이라는 요소를 이용하여 사전에 실린 의미와는 다른 의미로 사용되
는 것을 이론적으로 설명했다. 인지언어학에서는 사물에는 고정적
의미가 있는 것이 아니라 인식방법에 따라 같은 하나를 다양하게 표
현되고 있음을 밝히고 있다. 최근 언어학의 경향이기도 하다.

1.4 사회언어학

미시적 사회언어학은 구체적인 언어사용을 사회와 관계 지어서
설명한다. 경어가 전형적인 테마다. 방언과 표준어의 사용 구분은
사회적 요소에 따라 결정된다. 사회적 요소에 따라 말을 구분해서
사용하는 것을 양층 언어(다이글로시아,diglossia)라 한다.

일본어 교육에서는 언어의 사용구분을 주의해서 교육해야 한다. 학
습자가 익숙한 일본어라고 알고 있어도 때때로 '속된말'이거나 버릇없
는 일본어일 수 있으며 장소와 상대를 잘못하면 불쾌감을 줄 수 있다.
또 윗사람이나 공식적인 장면이라 하더라도 누가 윗사람인지 어떤 상
황이 공식적인 장면인지 사회에 따라 객관적인 지식이 필요하다.

거시적 사회언어학은 언어와 국가, 언어와 민족이라는 테마를 다

룬다. 언어를 둘러싼 사회가 연구 대상이 되며 언어정책이 이에 해당된다.

일본에서는 단일 언어 국가라는 생각이 강해서 언어와 국가, 민족에 대해 심각하게 생각하지 않았다. 그러나 외국인이 증가함에 따라 일본이 다언어 상태임을 인식하게 되었다. 또한 아이누어에 대한 인식도 바뀌어 거시 사회언어학은 활발해 지고 있다.

일본어 교육의 관점에서 보면 식민지에서의 일본의 교육이 중요하다. 당시의 식민지 일본어 교육은 타민족의 언어와 문화를 부정하는 것이었다. 일본어 교사가 교육에 전념하면 할수록 학습자의 모국어와 고유문화를 억압한 결과를 가져왔다. 최근에는 언어권이라는 개념이 확립되고 있다. 자신의 모국어를 계승하는 것을 인권의 일부로 본다. 또한 자신의 지역에서 사용되는 언어를 학습하는 것이 보장되어야 한다고 보다. 일본어 교육은 이런 맥락에서 이루어져야 한다. 일본어 교사의 윤리관 배양을 위해서도 사회언어학 지식은 필수 불가결하다.

1.5 생성문법

미국의 촘스키가 제창한 이론으로 <<문법의 구조>>(1957)가 출발점이다. 생성문법이란 명칭은 유명하지만 일본어 교육에 있어서는 중요성이 낮다. 이 이론에 따른 일본어 교육은 전무하다. 여기서의 '문법'은 일반적인 언어교육에서의 문법이 아니라 인간이 '언어를 사용하는 본능적인 능력'이다. 가설을 세운 뒤 이 가설이 현실에 적응되는지를 검증한다. 일반적인 언어연구는 관찰한 언어를 수집하여 뒤에 분석하여 규칙을 이끌어 내는 데 생성문법은 이와 반대이다. 생성문법은 이론을 세우는 데 있어 자신의 언어적 직관을 근거로 생각하는데 이 경우 말의 상황이나 상대와의 관계를 고려한지 않는다. 문법적으로 맞는지 만을 판단한다.

인간의 언어능력을 해명하기 위해 탄생한 이론이므로 실제 언어 사용에 관한 연구가 아니다. 이에 비판한 것이 사회언어학, 담화분석, 어용론, 인지언어학이다.

1.6 대조언어학

2 개 이상의 언어를 비교하여 차이점과 유의점을 밝혀 각각의 언어의 특징을 밝히는 것이 목적이다. 이런 목적으로 언어를 비교하는 것을 '대조언어학'이라 한다.

일본어 교육에서 대조언어학의 지식은 반드시 필요하다. 학습자가 어려움을 느끼는 부분은 모국어와 다른 부분에 있다. 학습자의 모국어와 일본어의 차이, 유사점을 알고 있으면 학습자가 어떤 부분에 곤란해 하는지 예측 가능하다. 또한 오용분석 즉 왜 틀렸는지를 분석할 수 있다. 학습자에게 이를 지적하고 보다 나은 지도가 가능하다.

1.7 코퍼스 언어학

코퍼스는 문어와 구어의 사용 예를 대량으로 수집한 데이터베이스를 말한다. 코퍼스를 이용하면 일반적인 언어사용의 경향을 파악할 수 있고 교육에 도움이 된다.

일본어는 국립국어연구소에서 개발한 現代日本語書き言葉均衡コーパス가 있다. 이를 사용하기 위해서는 검색시스템을 이용하며 대표적인 검색 시스템으로는 NLB(NINJAL-LWP for BCCWJ)이 있다.

제6장 현행 일본어 교육과정의 특징

1. 현대 일본어

1.1 생활 일본어

중학교의 교육과정에서 일본어는 독일어, 프랑스어, 스페인어, 중국어, 러시아어, 아랍어, 베트남어와 함께 생활 외국어에 속한다. 생활 외국어는 한문, 정보, 진로와 직업, 환경과 녹색성장, 보건과 함께 선택교과이며 선택교과는 3 년 동안 170 시간(1 시간 수업은 45 분이 원칙)이 운영된다. 각 학교는 2 개 이상의 선택과목을 개설할 수 있다.

중학교 생활일본어의 교과목의 성격은 생활외국어의 성격에 따른다. 생활 외국어의 교육의 성격은 교통수단과 정보통신기술의 획기적인 발전으로 세계가 일일생활권이 되어가는 시대적 흐름에서 국가 및 문화권간의 성공적인 교류를 위해서는 상호이해가 필요함을 부각시키고 있다.

생활 외국어가 지향하는 교육 목표는 외국어 학습을 통해 얻어진 언어와 문화에 대한 지식을 바탕으로 외국인과 적극적으로 의사소통해보고자 하는 태도를 길러주고, 지구촌 시대를 살아가는 시민 의식을 일깨워 주는 것에 있다.

구체적인 생활 외국어의 목표는 일상생활에 필요한 기초적인 의사 소통 능력의 배양이다. 이를 위해서는 첫째 기초적인 의사기통 기본 표현을 이해하고 상황에 맞게 적극 활용하며, 둘째 해당 문화에 대한 배려심과 존중의 자세를 확립하여 셋째 다양한 매체와 자료를 통해 해당국의 관련 정보를 선별하여 활용하는 능력을 기르는 것이다.

1) 내용체계

생활 일본어의 내용체계는 생활 일본어가 지향해야 방향을 의미하며 성취기준은 학생이 달성해야한 학습의 도달점을 의미한다. 내용체계는 언어적 영역과 문화적 영역으로 구성되어 있으며 각 영역은 아래와 같이 핵심요소와 구체적인 교육내용으로 제시되어 있다

핵심 요소	내용
발음 및 문자	・히라가나와 가타카나, 한자 표기 ・청・탁음, 장・단음, 요음, 촉음, 박(拍), 억양 * 국어의 가나 표기법, 외래어 표기법 규정에 따라 표기한다.
어휘	・낱말의 기본적 의미 ・낱말의 결합 관계 ・학습용 한자 * 일본어 교육과정에 제시된 기본 어휘를 중심으로 250개 내외의 낱말을 사용한다.
문법	・현대 일본어 문법 * 생활 일본어에 제시된 의사소통 기본 표현에 사용된 문법 내용과 기본 어휘표에 제시된 문법 요소 내에서 다룬다.
의사소통 표현	・인사, 소개, 배려 및 태도 전달, 정보 요구, 행위 요구, 대화 진행 등의 의사소통 기능을 상황에 맞게 사용한다. * 의사소통 기본 표현을 참고한다.
문화	・일본의 간략한 개관 ・언어문화 ・비언어 문화 ・일상생활 문화 ・대중문화

(교육부 고시 제2015-74회[별책16]을 부분 발췌)

2) 성취기준

성취기준은 중학생이 생활 일본어에서 도달해야할 학습의 도달점을 말하며 듣기, 말하기, 읽기, 쓰기 4기능으로 제시되어있고 학교 현장에서는 유기적으로 통합하여 교육할 것을 권장하고 있다. 학습 요소로는 기본 어휘표와 의사소통 기본표현, 언어문화이다.

의사소통 기본 표현은 인사, 소개, 배려 및 태도 전달, 정보 요구, 행위 요구, 대화 진행 등 6분야로 이루어지며, 각 분야는 다음과 같이 구체적인 세부분야로 제시되어 있다.

(1) 의사소통 기본 표현

- 인사 : 만남, 헤어짐, 안부, 외출, 귀가, 방문, 식사, 축하
- 소개 : 자기소개, 가족 소개, 타인 소개
- 배려 및 태도 전달 : 감사, 사과, 칭찬, 격려, 위로, 승낙·동의, 거절, 사양, 겸손, 유감
- 정보 요구 : 존재, 장소, 시간·때, 선택, 비교, 이유, 취향·취미, 경험, 확인
- 행위 요구 : 의뢰, 지시, 권유, 조언, 허가 요구, 경고
- 대화 진행 : 말 걸기, 머뭇거림, 맞장구, 되묻기
- 언어문화 : 의뢰 방법, 승낙·거절 방법, 호칭 방법

(2) 언어문화 : 의뢰 방법, 승낙·거절 방법, 호칭 방법 등

3) 교수 방법 및 평가 사항

교육부 고지에 의하면 언어 4기능의 교수방법은 학생 참여형 수업을 권장하고 있으며 자기 소개하기, 게임, 노래, 역할 놀이 등의 다양한 상황을 제안하고 있다.

(1) 듣기

듣기는 음성, 억양, 낱말, 문장, 대화 별로 교수방법이 제시되어 있다. 일본어의 음성적 특징인 청·탁음, 장·단음, 요음, 촉음의 구별은 낱말 카드와 같은 학습 자료를 이용하고, 박(拍)의 구별은 손뼉 치기 등을 이용하며 자연스러운 억양은 음성 소프트웨어 등을 활용하도록 한다. 교실일본어에 반응하기도 제시되어 있으며 그림이나 사진, 광고, 노래 등을 이용하여 낱말과 숫자의 의미를 이해하도록 한다.

간단한 대화를 듣고 자연스러운 질문과 대답끼리 선으로 연결하거나 그림, 도표 찾기, 대화문의 배열이 가능하도록 한다.

또한 쉬운 광고나 애니메이션 등의 영상 자료를 이용해서 학습자가 중심내용을 이해하고 퀴즈 게임 등을 이용해서 진위를 파악하게 한다.

하루 일과, 요리 만들기 등의 내용을 듣고 표를 완성하게 한다.

(2) 말하기

미디어 자료 등을 이용하여 청·탁음, 장·단음, 요음, 촉음 등을 따라서 말하게 한다. 손뼉 치기 등을 이용하여 박(拍)에 맞추어 말하게 한다.

음성 소프트웨어나 억양이 표시된 문장 등을 활용하여 억양에 맞게 말하게 한다.

그림이나 사진 등을 이용하여 자신의 의사나 정보를 말하게 한다. 사진이나 게임, 동영상 만들기 등을 활용하여 자기소개, 타인 소개, 가족 소개를 하게 한다.

또한 전단지, 메뉴판, 달력 등 교재를 이용하고 역할 놀이를 통해 의사소통 기본 표현과 관련된 대화를 하게 하도록 권장하며 인터뷰를 이용하여 취향, 선택, 승낙, 거절 등의 표현을, 표지판, 약도, 그림 등을 보면서 간단하게 설명하거나 대화를 하게 한다.

한국과 일본의 그림이나 영상 자료를 비교하여 일본인의 거절 및 의뢰 방법 등을 이해하고 그에 맞게 말하게 한다.

(3) 쓰기

교본 등을 이용하여 획순에 맞추어 가나와 학습용 한자를 바르게 쓰게 하며 특히 혼동하기 쉬운 유사한 가나는 낱말 카드 등을 이용하여 구별하여 쓰게 한다. 또한 받아쓰기 등을 이용하여 일본어의 특징인 청·탁음, 장·단음, 요음, 촉음 등을 구별하여 쓰게 하며 미디어 자료 등을 이용하여 한국인이 틀리기 쉬운 발음을 구별하여 쓰게 지도한다.

발음과 철자법이 일치하지 않는 조사(は, へ, を) 등은 가나 철자법에 맞게 쓰게 지도하고 노래, 프레젠테이션, 교구 등을 이용하여 활용형을 바르게 쓰게 한다. 그림이나 사진 등을 이용하여 상황에 맞게 사용 빈도가 높은 조사, 조동사 등을 구별하여 쓰게 한다.

문장에 대해서는 한국인이 틀리기 쉬운 표현 등을 제시하여 낱말의 의미와 용법을 구분해서 짧고 쉬운 문장을 바르게 쓰게 하며 전자 우편, 휴대폰 메시지 등을 활용할 것을 권장한다.

(4) 문화

미디어 자료 등을 이용하여 감사, 거절, 의뢰, 호칭 등의 방법을 이해하고 일본인의 언어문화 및 일본인의 손짓, 몸짓 등의 비언어 문화를 이해하고 이에 맞게 표현하게 한다. 이를 위해서 지도, 영상 자료 등을 이용하여 일본의 간략한 개관을 이해하게 하는데 교사에 의한 지식 전달이 아닌 학생들이 조사하여 발표·토론하게 한다.

일상생활의 문화는 그림이나 사진, 실물 자료, 영상 등을 이용하여 이해하게 한다. 노래, 애니메이션, 영화 등을 이용하여 대중문화를 이해하게 한다. 대중문화의 이해 또한 학생들이 조사하여 발표, 토론하도록 지도한다.

이 과정에서 양국의 언어·비언어 문화의 공통점과 차이점을 찾아 상호 문화적 관점에서 표현하게 한다.

교사가 문화 내용 설명 시 필요한 경우에는 우리말을 사용할 수 있다. 문화 내용은 최근의 객관적이고 공신력 있는 자료를 사용하도록 지도한다.

4) 평가 방법 및 유의 사항

교육부 고시에서는 언어 4기능별로 개별 평가, 통합 평가를 실시하되, 균형 있게 평가할 것을 권장한다.

(1) 듣기

일본어의 특징적인 음성인 청·탁음, 장·단음, 요음, 촉음 등을 듣고 구별할 수 있는지, 박(拍)의 수를 셀 수 있는지를 평가한다. 또한 한국인이 틀리기 쉬운 발음을 듣고 그에 해당하는 말을 고를 수 있는지를 평가한다.

숫자, 교실 일본어, 짧고 쉬운 글이나 간단한 대화를 듣고 그에 해당하는 낱말이나 그림 고르기, 선긋기 등의 방법을 통해 의미를 이해하는지를 평가한다.

중심 내용, 진위파악을 이해파악은 짧고 쉬운 광고나 애니메이션 등의 영상 자료를 보고 평가한다. 하루 일과, 요리 만들기 등의 내용을 듣고 정확하게 표를 완성할 수 있는지를 평가한다.

(2) 말하기

청·탁음, 장·단음, 요음, 촉음 등이 포함된 말을 정확하게 말할 수 있는지, 박(拍)의 수에 맞추어 말할 수 있는지, 음성 소프트웨어 등을 이용하여 짧고 쉬운 대화를 자연스러운 억양으로 말할 수 있는지를 평가한다.

그림, 사진, 게임, 동영상 만들기 등을 통해 자기소개, 타인 소개, 가족 소개 등 자신의 의사나 정보를 말할 수 있는지를 할 수 있는지를 평가한다.

의사소통 기본 표현과 관련된 간단한 대화를 선 긋기, 빈칸 채우기, 인터뷰 등으로 완성하여 바르게 말할 수 있는지를 평가한다.

표지판, 약도, 그림 등을 보면서 간단하게 설명하거나 간단한 대화를 할 수 있는지 일본인의 거절 및 의뢰 방법 등을 이해하고 그에 맞는 대화를 완성하여 말할 수 있는지를 평가한다.

(3) 읽기

가나와 학습용 한자를 바르게 읽을 수 있는지, 짧고 쉬운 글이나 간단한 대화문을 청·탁음, 장·단음, 요음, 촉음 등을 구별하여 읽을 수 있는지를 평가한다.

짧고 쉬운 글이나 간단한 대화문을 읽고 핵심어나 주제어를 찾기, 진위나 대의 파악 능력을 평가한다.

(4) 쓰기

50음도의 빈칸 채우기, 가나와 학습용 한자를 바르게 쓰기를 평가한다. 또한 청·탁음, 장·단음, 요음, 촉음 및 한국인이 틀리기 쉬운 발음의 글자를 바르게 쓸 수 있는지, 조사(は, へ, を) 등을 가나 철자법에 맞게 쓸 수 있는지를 평가한다.

문맥에 맞게 낱말, 문장을 바르게 쓸 수 있는지를 평가하는데 주어진 표현을 활용하여 자기소개, 장래 희망 등의 짧고 쉬운 글을 작성할 수 있는지를 평가한다. 아울러 일본어 입력기를 활용하여 작성할 수 있는지를 평가한다.

(5) 문화

일본의 간략한 개관을 이해하고 주어진 질문에 답할 수 있는지를 평가한다. 또한 일본인의 언어문화와 비언어 문화를 이해하고 진위를 구별할 수 있는지를 평가한다.

일본의 개관 및 일상생활 문화, 대중문화에 대해 조사하여 발표·토론할 수 있는지를 평가하는데 이를 통해 양국의 언어문화와 비언어문화, 대중문화의 공통점과 차이점을 구별하여 말할 수 있는지를 평가한다.

나아가 문화의 다양성을 인정하고 상호 문화적 관점에서 일본 문화를 설명할 수 있는지를 평가하는데 평가 방법으로는 지필평가 또는 다양한 수행평가(조사, 발표, 토론 등)를 활용한다.

1.2 고등학교 일본어

고등학교 일본어 교육은 선택중심 교육과정에 속하며 '일본어Ⅰ'과 '일본어Ⅱ'가 있다. 제2외국어 교과의 역량은 의사소통 능력과 정보를 검색하고 활용하여 일본인과의 교류를 할 수 있는 역량에 중점을 둔다.

1) 언어적 내용 영역

언어적 내용영역의 핵심 요소는 발음 및 문자, 어휘, 문법, 의사소통표현으로 구성되어 있다. 구체적인 내용은 다음과 같다.

영역	핵심요소	내용
언어적 내용	발음 및 문자	· 히라가나와 가타카나, 한자 · 청·탁음, 장·단음, 요음, 촉음, 박(拍), 억양 * 국어의 가나 표기법, 외래어 표기법 규정에 따라 표기한다.
	어휘	· 낱말의 기본 의미와 파생 의미 · 낱말의 결합 관계 · 관용적 표현 · 한자의 음독·훈독 * [교육부 고시]에 제시된 기본 어휘를 중심으로 500개 내외의 낱말을 사용한다.
	문법	· 현대 일본어 문법 * [교육부 고시]에 제시된 의사소통 기본 표현에 사용된 문법 내용과 기본 어휘표에 제시된 문법 요소 내에서 다룬다.
	의사소통 표현	· 인사, 소개, 배려 및 태도 전달, 의향 및 의사 전달, 정보 요구, 정보 제공, 행위 요구, 대화 진행 등의 의사소통 기능을 상황에 맞게 사용한다. * [교육부 고시]에 제시된 의사소통 기본 표현을 참고한다.

학습요소는 9분야로 구성되며 인사, 소개, 배려 및 태도전달, 의향 및 의사전달, 정보요구, 정보제공, 행위요구, 대화진행, 언어문화, 비언어문화이다. 각 분야의 구체적인 내용은 다음과 같다.

가. 인사 : 만남, 헤어짐, 안부, 외출, 귀가, 방문, 식사, 연말, 신년, 축하

나. 소개 : 자기소개, 가족 소개, 타인 소개

다. 배려 및 태도 전달 : 감사, 사과, 칭찬, 고충·불평, 격려, 위로, 승낙·동의, 거절·반대, 사양, 겸손, 유감

라. 의향 및 의사 전달 : 희망, 의지, 목적, 의견 제시, 기대, 감정, 정정·부정

마. 정보 요구 : 존재, 장소, 시간·때, 선택, 비교, 이유, 방법, 상태, 형편·사정, 취향·취미, 능력·가능, 경험, 확인

바. 정보 제공 : 안내, 추측, 전언, 상황 설명

사. 행위 요구 : 의뢰, 지시, 금지, 권유, 조언·제안, 허가, 경고

아. 대화 진행 : 말 걸기, 머뭇거림, 화제 전환, 맞장구, 되묻기

자. 언어문화 : 의뢰 방법, 승낙·거절 방법, 호칭 방법, 표현적 특징 등

차. 비언어 문화 : 손짓, 몸짓 등

교수방법과 평가방법의 특징은 먼저 듣기와 말하기에서 구강단면도를 이용하여 한국인이 틀리기 쉬운 발음을 구별하게 하는 것이 추가되었다. 또한 영상자료를 이용하여 경어법, 호칭 경칭에 관한 이해하기와 일기예보, 광고, 약도, 노선도, 안내방송, 하루일과, 요리만들기, 여행계획 등의 간단한 대화와 쉬운 글로 진위를 파악하기, 내용 이해하기가 제시되었다.

또한 게임, 동영상 만들기를 활용하여 자기소개, 타인소개, 가족소개하기가 추가되었으며 역할놀이, 인터뷰를 이용하여 의사소통기본 표현과 관련된 대화하기가 제시되어 있다.

읽기와 쓰기에서는 한자교육이 시작됨에 따라 한자의 음독과 훈독 구별이 추오쿠리가나 쓰기 교육이 추가되었다.

문체와 문말표현, 상황에 맞는 호칭, 경칭 교육도 추가되었으며 만화, 미디어자료 등을 이용할 것을 권장하고 있다.

2) 문화영역

문화영역의 교육 내용은 일본의 개관, 언어문화, 비언어문화, 일상생활문화, 대중문화, 문화이해를 통한 세계시민의식 등 6요소가 있으며 수업에서 선택적으로 다룰 것을 권장하고 있다. 구체적인 내용

은 다음과 같다.

　가. 일본의 간략한 개관 : 행정 구역, 지리, 인구, 기후, 관광 명소 등

　나. 언어문화 : 의뢰 방법, 승낙·거절 방법, 경어법, 호칭 방법,
　　　표현적 특징 등

　다. 비언어 문화 : 손짓, 몸짓 등

　라. 일상생활 문화 : 가정생활, 학교생활, 사회생활, 교통 및 통신,
　　　의·식·주, 스포츠, 여행, 환경, 위기관리, 연중행사, 마쓰리,
　　　통과의례 등

　마. 대중문화 : 노래, 만화, 애니메이션, 드라마, 영화 등

　바. 문화 이해를 통한 세계 시민 의식

　문화교육의 교수방법의 특징은 미디어자료와 실문자료, 영상자료
를 이용하여 일본의 개관과 일상생황, 대중문화를 이해하도록 하는
데 있다. 특히 유용한 정보를 교수자가 다양한 방법을 제시하여 이
해하도록 지도하고 취득한 정보를 학생활동형 수업(토론, 발표)으로
할 것을 권장하고 있다.

　평가는 기초적 지식뿐만 아니라 의사소통과 관련된 문화내용의
이해 여부를 중점적으로 평가하도록 고시된 것이 특징이라 할 수
있다.

〈자료 1〉 2012년 교육부 고시 기본어휘

2012년 교육부에 고시(교육부 고시 제 2015-74호)에는 기본 어휘
가 제시되어 있으며 이를 토대로 품사별로 제시하였다.

✍ 일러두기

1. 명사 중 가타카나 외래어는 따로 제시하였다. 가타카나와 히라
가나 표기가 모두 있는 명사는 각 항목마다 제시하였다.

2. 조사와 조동사에는 '～'로, 조어 성분(접두어, 접미어, 조수사
등)에는 '-'으로 표시하였다.

3. 쓰기와 읽기를 권장하는 학습용 한자는 ()로, 읽기를 권장하는
표기용 한자는 < >로 표시하였으며, 의미 구별을 위한 한자는
[ ]로 표시하였다.

4. 형용사는 i형용사, na형용사 순으로 제시하였다.

5. 둘 이상의 품사가 존재하는 경우 각 항목마다 제시하였다.

[외래어]

アイスクリーム	クラス
アニメ	ケーキ
アルバイト/バイト	ケータイ/けいたい[携帯]
インターネット/ネット	ゲーム
エコ	コーヒー
カード	コーラ
カタカナ	コップ
カメラ	コピー

コンサート	ノート
コンビニ	パーティー
サッカー	バス
シャツ	バスケットボール/バスケ
ジュース	パソコン
スーパー	バナナ
スカート	パン
スキー	ピアノ
スポーツ	プール
スマートホン/スマホ	プレゼント
タクシー	ベッド
チケット	ペット
テーブル	ペン
テスト	ホームステイ
デパート	ホテル
テレビ	ボランティア
ドア	メール
トイレ	メニュー
トマト	リサイクル
ニュース	レストラン
ネクタイ	

[명사]

あいさつ

あいだ(間)

あき(秋)

あさ(朝)

あさって

あじ(味)

あし(足)

あした/あす(明日)

あそこ

あたま(頭)

あちら/あっち

あと(後)

あなた

あに(兄)

あね<姉>

あめ(雨)

あれ

あんない(案内)

いえ(家)

いくつ

いくら

いしゃ(医者)

いす

いちご[苺]

いちばん(一番)

いつ

いっしょ

いっしょうけんめい

いっぱい

いつも

いぬ(犬)

いま(今)

いみ(意味)

いもうと(妹)

いりぐち(入口)

いろ(色)

いろいろ

うえ(上)

うしろ(後ろ)

うた(歌)

うち

うみ(海)

うんてん(運転)

うんどう(運動)

え<絵>

えいが(映画)

えいご(英語)

えき(駅)

えんりょ<遠慮>

おおぜい

おかあさん(お母さん)

おかし

おかわり(お代わり)

おじ/おじさん

おじいさん

おたく<お宅>

おちゃ(お茶)

おと(音)

おとうさん(お父さん)

おとうと(弟)

おとこ(男)

おととい

おとな(大人)

おなか

おにいさん(お兄さん)

おねえさん(お姉さん)

おば/おばさん

おばあさん

おみやげ(お土産)

おもいで(思い出)

オレンジ

おんがく(音楽)

おんせん[温泉]

おんな(女)

かいぎ<会議>

がいこく(外国)

かいしゃ(会社)

かいもの(買い物)

かいわ(会話)

かお(顔)

がくせい(学生)

かさ

かじ(火事)

かしゅ(歌手)

かぜ(風)

かぜ<風邪>

かぞく(家族)

かた(方)

がっこう(学校)

かど(角)

かね(金)

かのじょ<彼女>

かばん

かみ(紙)

かみ[髪]

かもく<科目>

からだ(体)

かれ<彼>

かわ(川)

かんきょう[環境]

かんじ(漢字)

き(気)

き(木)

きいろい<黄色い>

きせつ<季節>

きた(北)

きって(切手)

きっぷ

きのう(昨日)

きもち(気持ち)

きゃく(客)

ぎゅうにゅう<牛乳>

きょう(今日)

きょうしつ(教室)

きょうだい(兄弟)

きょうみ

きょねん(去年)

ぎんこう(銀行)

ぐあい<具合>

くうこう<空港>

くすり<薬>

くだもの<果物>

くち(口)

くつ

くに(国)

くるま(車)

けが

けさ(今朝)

けしき<景色>

けっこん<結婚>

げんかん[玄関]

げんき(元気)

こ(子)

こうえん(公園)

ごうかく<合格>

こうこう(高校)

こうばん<交番>

こえ(声)

ここ

ごご(午後)

ごぜん(午前)

こちら/こっち

こと(事)

ことし(今年)

ことば<言葉>

こども<子供>

このあいだ(この間)

このごろ

ごはん<ご飯>

ごみ

これ

これから

ころ[頃]

こんげつ(今月)

こんしゅう(今週)

こんど(今度)

さいきん<最近>

さいご<最後>

さいふ

さかな(魚)

さき/さっき(先)

さくねん(昨年)

さくら

さんぽ<散歩>

しあい(試合)

しお[塩]

じかん(時間)

しけん(試験)

しごと(仕事)

じしょ<辞書>

じしん<地震>

しぜん<自然>

した(下)

じつは<実は>

しつもん(質問)

しつれい<失礼>

じてんしゃ(自転車)

じぶん(自分)

しま<島>

しゃしん(写真)

じゃま

じゆう(自由)

しゅうかん<習慣>

じゅうしょ(住所)

しゅうまつ(週末)

じゅぎょう<授業>

しゅくだい<宿題>

しゅっぱつ(出発)

しゅみ

じゅんび<準備>

しょうかい<紹介>

しょうゆ

しょうらい<将来>

しょくじ(食事)

しょくどう(食堂)

しんごう<信号>

しんねん(新年)

しんぶん(新聞)

すいえい(水泳)

ずいぶん

すうがく(数学)

せ/せい<背>

せいかつ(生活)

せいと<生徒>

せかい(世界)

せき<席>

せつめい<説明>

せわ(世話)

せんげつ(先月)

せんじつ(先日)

せんしゅう(先週)

せんせい(先生)

せんたく[洗濯]

せんぱい

そうじ

そうだん<相談>

そこ

そちら/そっち

そつぎょう<卒業>

そと(外)

そふ(祖父)

そぼ(祖母)

そら(空)

それ

たいいく<体育>

たいかい(大会)

だいがく(大学)

たてもの(建物)

たべもの(食べ物)

たまご

ため

だれ

たんじょうび[誕生日]

ちかてつ<地下鉄>

ちから(力)

ちち(父)

ちゅうい(注意)

ちゅうがっこう/ちゅうがく

(中学校/中学)

つき(月)

つぎ<次>

つくえ

つごう<都合>

つもり

て(手)

てがみ(手紙)

でぐち(出口)   なまえ(名前)

てら(寺)   におい

てん(点)   にがて<苦手>

てんいん(店員)   にく(肉)

でんき(電気)   にし(西)

てんき(天気)   にっき(日記)

でんしゃ(電車)   にもつ<荷物>

でんわ(電話)   にゅうがく(入学)

どうぶつ(動物)   にわ<庭>

とき(時)   にんき(人気)

とけい(時計)   にんぎょう(人形)

どこ   ねこ

ところ<所>   ねだん

とし(年)   ねつ<熱>

としょ(図書)   ねんがじょう<年賀状>

とちゅう<途中>   のど

どちら/どっち   のみもの(飲み物)

どなた   のりもの(乗り物)

となり   は<歯>

ともだち(友だち)   ばあい<場合>

とり(鳥)   はがき<葉書>

どれ   はこ<箱>

なか(中)   はし[箸]

なつ(夏)   はし<橋>

なに/なん(何)   ばしょ<場所>

はず

バスてい

はな(花)

はな<鼻>

はは(母)

はる(春)

はん(半)

ばん<晩>

ばんごう<番号>

はんたい<反対>

はんぶん(半分)

ひ(日)

ひ(火)

ひがし(東)

ひこうき<飛行機>

ひだり(左)

ひと(人)

ひま

びょういん(病院)

びょうき(病気)

ひらがな

ひる(昼)

ぶかつ<部活>

ふく<服>

ふつう[普通]

ふね(船)

ふゆ(冬)

ふろ<風呂>

ぶんか<文化>

ぶんかさい<文化祭>

へいき<平気>

べつ(別)

へや<部屋>

へん<辺>

べんきょう(勉強)

へんじ<返事>

べんとう<弁当>

ほう(方)

ぼうし[帽子]

ほか(外・他)

ぼく

ほし(星)

ほん(本)

ほんとう(本当)

まい(毎)-

まえ(前)

まち(町)

まっすぐ

まど<窓>

まんが[漫画]

まんなか

みかん

みぎ(右)

みず(水)

みせ(店)

みち(道)

みどり[緑]

みなみ(南)

みみ(耳)

みんな/みな

むかし<昔>

むこう<向こう>

むすこ

むすめ

め(目)

めがね

もの(物)

もんだい(問題)

やおや(八百屋)

やきゅう(野球)

やくそく(約束)

やさい<野菜>

やま(山)

ゆ<湯>

ゆうがた<夕方>

ゆうびんきょく<郵便局>

ゆき(雪)

ゆび

ゆめ<夢>

ようじ(用事)

よこ

よてい<予定>

よやく<予約>

よる(夜)

らいげつ(来月)

らいしゅう(来週)

らいねん(来年)

りゅうがく<留学>

りよう<利用>

りょうしん<両親>

りょうり(料理)

りょこう(旅行)

りんご

るす<留守>

れいぞうこ

れんしゅう<練習>

れんらく<連絡>

わすれもの<忘れ物>

わたし/わたくし(私)

[조수사]

-えん(円)

-かい(回)

-かい<階>

-かげつ(ヶ月)

-がつ(月)

-こ<個>

-さい<歳>

-さつ[冊]

-じ(時)

-しゅう(週)

-じん/にん(人)

-だい<台>

-ど(度)

-にち(日)

-ねん(年)

-ばん(番)

-ひき[匹]

-ぶ(部)

-ふん(分)

-ほん(本)

-まい<枚>

-め(目)

-めい(名)

[동사]

あう(合う)

あう(会う)

あがる(上がる)

あく(開く)

あける(開ける)

あげる(上げる)

あそぶ(遊ぶ)

あつまる(集まる)

あつめる(集める)

あらう<洗う>

ある

あるく(歩く)

いう(言う)

いく/ゆく(行く)

いそぐ(急ぐ)

いたす

いただく

いらっしゃる

いる[居る]

いる<要る>

いれる(入れる)

いわう<祝う>

うかがう[伺う]

うける<受ける>

うごく(動く)

うたう(歌う)

うつ[打つ]

うまれる(生まれる)

うる(売る)

えらぶ<選ぶ>

おきる(起きる)

おく<置く>

おくる(送る)

おくれる

おこす(起こす)

おこる(起こる)

おしえる(教える)

おす<押す>

おちる<落ちる>

おっしゃる

おとす<落とす>

おどる[踊る]

おぼえる<覚える>

おもう(思う)

およぐ(泳ぐ)

おりる<降りる>

おる[居る]

おわる(終わる)

かう(買う)

かえす<返す>

かえる(帰る)

かえる<代える・替える>

かえる<変える>

かかる

かく(書く)

かける

かす(貸す)

かぞえる<数える>

かつ<勝つ>

かまう

かよう<通う>

かりる(借りる)

かわる<代わる・替わる>

かわる<変わる>

かんがえる(考える)

がんばる

きえる<消える>

きく(聞く)

きこえる(聞こえる) しめる<閉める>

きまる<決まる> しらべる<調べる>

きめる<決める> しる(知る)

きる(切る) すぎる<過ぎる>

きる(着る) すく(空く)

くださる すすむ<進む>

くもる すてる

くらす<暮らす> すむ(住む)

くらべる<比べる> する

くる(来る) すわる<座る>

くれる だす(出す)

けす<消す> たすける<助ける>

ござる たずねる

こたえる(答える) たつ(立つ)

こまる<困る> たてる(立てる・建てる)

こむ たのしむ(楽しむ)

さがす<探す> たのむ

さがる(下がる) たべる(食べる)

さく[咲く] ちがう

さそう つかう(使う)

さわる[触る] つかれる[疲れる]

しかる つく

しぬ(死ぬ) つく(着く)

しまう つくる(作る)

しまる<閉まる> つける

つたえる<伝える>

つづく<続く>

つづける<続ける>

つとめる[勤める]

でかける(出かける)

できる

てつだう(手伝う)

でる(出る)

とおる<通る>

とぶ<飛ぶ>

とまる(止まる)

とまる[泊まる]

とめる(止める)

とる[撮る]

とる<取る>

なおす(直す)

なおる<治る>

なく<泣く>

なげる

なさる

ならう(習う)

ならぶ<並ぶ>

ならべる<並べる>

なる

なれる<慣れる>

にあう<似合う>

にる<似る>

ぬぐ

ねがう<願う>

ねる<寝る>

のこる<残る>

のぼる(登る)

のむ(飲む)

のりかえる<乗り換える>

のる(乗る)

はいる(入る)

はく[履く]

はこぶ(運ぶ)

はじまる(始まる)

はじめる(始める)

はしる(走る)

はたらく<働く>

はなす(話す)

はらう[払う]

はれる(晴れる)

ひく

ひっこす

ひらく(開く)

ひろう[拾う]

ふえる<増える>

ふく[吹く]　　　　　　　もえる

ふる<降る>　　　　　　　もつ(持つ)

へる<減る>　　　　　　　もどる<戻る>

ほめる　　　　　　　　　もらう

まいる　　　　　　　　　やく<焼く>

まがる<曲がる>　　　　　やすむ(休む)

まける　　　　　　　　　やむ(止む)

まつ(待つ)　　　　　　　やめる(止める)

まにあう(間に合う)　　　やる

まもる<守る>　　　　　　よぶ<呼ぶ>

まわる　　　　　　　　　よむ(読む)

みえる(見える)　　　　　よる[寄る・拠る]

みがく　　　　　　　　　わかる(分かる)

みせる(見せる)　　　　　わすれる<忘れる>

みる(見る)　　　　　　　わたす

むかえる<迎える>　　　　わたる

めしあがる　　　　　　　わらう<笑う>

もうす<申す>

[연체사와 연어(連語)]

あの　　　　　　　　　　どの

この　　　　　　　　　　いけない

その　　　　　　　　　　どうして

[감동사]

いいえ/いえ	さあ
いや	それでは/それじゃ
ううん	ね
うん	はい
ええ	まあ
ええと	もしもし

[부사]

あまり	すこし(少し)
いかが	すっかり
いっぱい	ずっと
いま(今)	ぜひ
いろいろ	ぜんぜん[全然]
おおぜい	ぜんぶ<全部>
おなじ(同じ)	そう
かならず	そろそろ
きっと	だいたい[大体]
きゅう(急)	たいてい[大抵]
けっこう[結構]	だいぶ
しっかり	たくさん
しばらく	たとえば
しょうしょう(少々)	たぶん
すぐ	だんだん

ちょうど　　　　　　　　びっくり

ちょっと　　　　　　　　ほとんど

どう　　　　　　　　　　まず

どうぞ　　　　　　　　　また

どうも　　　　　　　　　まだ

ときどき(時々)　　　　　まだまだ

とくに(特に)　　　　　　もう

とても　　　　　　　　　もし

なかなか　　　　　　　　もちろん

なぜ　　　　　　　　　　もっと

なるほど　　　　　　　　やはり/やっぱり

なんで　　　　　　　　　ゆっくり

はじめて<初めて>

はっきり

[접두어와 접미어]

お-　　　　　　　　　　　～さ

ご-　　　　　　　　　　　～けど/けれど

～がる

[접속사]

けれども　　　　　　　　それから

しかし　　　　　　　　　それで

そして/そうして　　　　　それでは/それじゃ

それに　　　　　　　　　　では/じゃ

だから　　　　　　　　　　ところで

[조동사]

～う/よう　　　　　　　　～です

～せる/させる　　　　　　～ない

～そうだ　　　　　　　　　～なら

～た　　　　　　　　　　　～ます

～だ　　　　　　　　　　　～みたいだ

～たい　　　　　　　　　　～ようだ

～たら　　　　　　　　　　～らしい

～たり　　　　　　　　　　～れる/られる

[조사]

～か　　　　　　　　　　　～で

～が　　　　　　　　　　　～ても

～かも　　　　　　　　　　～と

～から　　　　　　　　　　～とか

～くらい/ぐらい　　　　　 ～な

～し　　　　　　　　　　　～ながら

～しか　　　　　　　　　　～など

～ずつ　　　　　　　　　　～なんて

～だけ　　　　　　　　　　～に

～て　　　　　　　　　　　～ね

〜の　　　　　　　　　　　〜も

〜ので　　　　　　　　　　〜や

〜のに　　　　　　　　　　〜よ

〜は　　　　　　　　　　　〜より

〜ば　　　　　　　　　　　〜わ

〜ばかり　　　　　　　　　〜を

〜へ　　　　　　　　　　　でも

〜ほど　　　　　　　　　　まま

〜まで

[형용사]

あおい(青い)　　　　　　　いっしょうけんめい

あかい(赤い)　　　　　　　いや

あかるい(明るい)　　　　　いろいろ

あたたかい/あったかい　　　うすい

あたらしい(新しい)　　　　うつくしい(美しい)

あつい<暑い>　　　　　　　うまい

あつい<熱い>　　　　　　　うるさい

あぶない　　　　　　　　　うれしい

あまい　　　　　　　　　　おいしい

あんな　　　　　　　　　　おおい(多い)

いい/よい　　　　　　　　おおきい(大きい)

いそがしい　　　　　　　　おかしい

いたい(痛い)　　　　　　　おそい

おなじ(同じ)

おもい(重い)

おもしろい

かたい[硬い]

かっこいい

からい<辛い>

かるい

かわいい

かんたん

きいろい<黄色い>

きたない

きゅう(急)

きらい

きれい

くらい<暗い>

くろい(黒い)

くわしい

けっこう[結構]

こまかい<細かい>

こわい[怖い]

こんな

さむい<寒い>

ざんねん

しずか<静か>

したしい(親しい)

じゃま

じゅうぶん(十分)

じょうず(上手)

じょうぶ[丈夫]

しろい(白い)

しんせつ(親切)

しんぱい<心配>

すき(好き)

すくない(少ない)

すごい

すずしい

すっぱい

すてき

すばらしい

せまい[狭い]

そんな

だいじ(大事)

だいじょうぶ

だいすき(大好き)

たいせつ(大切)

たいへん<大変>

たかい(高い)

ただしい(正しい)

たのしい(楽しい)

だめ

ちいさい(小さい)　　　　　　ほそい(細い)

ちかい(近い)　　　　　　　　まじめ

つめたい<冷たい>　　　　　　まずい

つよい(強い)　　　　　　　　まっすぐ

つれる<連れる>　　　　　　　まるい(丸い)

とおい(遠い)　　　　　　　　みじかい<短い>

とくい<得意>　　　　　　　　むずかしい<難しい>

どんな　　　　　　　　　　　むり<無理>

ない　　　　　　　　　　　　めいわく

ながい(長い)　　　　　　　　めずらしい

にぎやか　　　　　　　　　　やさしい[易しい]

ねむい　　　　　　　　　　　やさしい<優しい>

はやい(早い・速い)　　　　　-やすい

ひくい<低い>　　　　　　　　やすい(安い)

ひろい(広い)　　　　　　　　ゆうめい(有名)

ふかい<深い>　　　　　　　　よろこぶ<喜ぶ>

ふとい(太い)　　　　　　　　よろしい

ふべん<不便>　　　　　　　　よわい<弱い>

ふるい(古い)　　　　　　　　りっぱ

へた(下手)　　　　　　　　　わかい<若い>

べんり<便利>　　　　　　　　わるい(悪い)

ほしい

〈자료 2〉 2012년 교육부 고시 생활일본어 의사소통 기본표현

(교육부 고시 제 2015-74호)

1. 인사

가. 만남 おはよう。 / おはようございます。
こんにちは。
こんばんは。
ひさしぶり。 / おひさしぶりです。

나. 헤어짐 じゃあね。
バイバイ。
また あした。
では、また。
さよ(う)なら。
げんきでね。 / おげんきで。
では、しつれいします。
おやすみ。 / おやすみなさい。

다. 안부 おげんきですか。

라. 외출 いって きます。
いって(い)らっしゃい。

마. 귀가 ただいま。
おかえり。 / おかえりなさい。

바. 방문 こんにちは。
いらっしゃい。
どうぞ。
しつれいします。
おじゃまします。

사. 식사　　　いただきます。
　　　　　　　ごちそうさま。 / ごちそうさまでした。

아. 축하　　　おめでとう。 / おめでとうございます。

2. 소개

가. 자기소개　こんにちは。
　　　　　　　はじめまして。
　　　　　　　キム・ヒョジンです。
　　　　　　　かんこくから きました。
　　　　　　　どうぞ よろしく。 / (どうぞ) よろしく おねがいし
　　　　　　　ます。
　　　　　　　こちらこそ よろしく おねがいします。

나. 가족 소개　ははです。
　　　　　　　わたしの ちちです。

다. 타인 소개　こちらは さとうさんです。
　　　　　　　ともだちの たなか(さん)です。

3. 배려 및 태도 전달

가. 감사   どうも。
                (どうも) ありがとう。 / (どうも) ありがとうござい
                ます。

나. 사과   (どうも) すみません。
                ごめん。 / ごめんなさい。

다. 칭찬   にほんご、じょうずですね。
                すごいですね。

라. 격려   がんばれ。 / がんばってね。 / がんばって ください。
                だいじょうぶだよ。
                なかむらさんなら できますよ。

마. 위로   おだいじに。

바. 승낙   ええ、いいですよ。
·동의   はい、どうぞ。
                はい、わかりました。
                それは いいですね。
                ええ、そうしましょう。

사. 거절   それは ちょっと……。
                すみませんが、あしたは ちょっと……。
                どようびは ちょっと ようじが あって……。

아. 사양   いえ、けっこうです。
                だいじょうぶです。
                もう いいよ。

자. 겸손   いえいえ。
                いいえ、まだまだです。

차. 유감   ざんねんですね。 / ざんねんでしたね。

4. 정보 요구

가.	존재	なかむらさん、いますか。
나.	장소	すみません、トイレは どこですか。
다.	시간・때	なつやすみは いつからですか。 いま、なんじですか。
라.	선택	なにに する? どれが いいですか。 / どれに しますか。
마.	비교	スポーツの なかで なにが いちばん すきですか。
바.	이유	どうしてですか。 なんでですか。
사.	취향・취미	どんな スポーツが すきですか。 しゅみは なんですか。
아.	경험	すもうを みた ことが ありますか。
자.	확인	これで いいですか。

5. 행위 요구

가. 의뢰	すみませんが、ちょっと まって ください。 その ほん、かして くれませんか。
나. 지시	あしたは 8じまでに きて ください。 ひろし、はやく おきて。/ はやく おきなさい。
다. 권유	あした えいがを みに いきませんか。 よかつたら、いっしょに いかない? おちゃを どうぞ。 この シャツは どうですか。
라. 조언	はやく かえつた ほうが いいですよ。
마. 허가 요구	ここで しゃしん とつても いいですか。
바. 경고	あ、あぶない! きを つけて!

6. 대화진행

가. 말 걸기	あの(う)、すみません。 ちょっと いいですか。
나. 머뭇거림	ええと。 うーん、そうですね。
다. 맞장구	ええ、そうですね。 あ、そうですか。 うん。 ほんとう? そうそう。
라. 되묻기	なに?

〈자료 3〉 2012년 교육부 고시 고등학교 일본어 의사소통 기본표현

(교육부 고시 제2015-74호 참조)

다음은 교육부에서 권장하는 고등학교 일본어 교육 [의사소통 기본표현]이다. 중학교에서 교육하는 생활일본어에 제시되지 않은 한자와 기본표현을 진하게 표시하였다.

1. 인사

가. 만남   おはよう。/ おはようございます。
こんにちは。
こんばんは。
ひさしぶり。/ おひさしぶりです。

나. 헤어짐   じゃあね。
バイバイ。
またあした。
では、また。
さよ(う)なら。
元気でね。/ お元気で。
では、失礼します。
気をつけてね。/ お気をつけて。
お先に。/ お先に失礼します。
おやすみ。/ おやすみなさい。

다. 안부   元気ですか。/ お元気ですか。
おかわりありませんか。
高橋さんによろしく。/ 高橋さんによろしくお伝えください。

라. 외출　　いってきます。 / いってまいります。
　　　　　　　いって(い)らっしゃい。

마. 귀가　　ただいま。
　　　　　　　おかえり。 / おかえりなさい。

바. 방문　　こんにちは。
　　　　　　　すみません。
　　　　　　　いらっしゃい。 / いらっしゃいませ。
　　　　　　　どうぞ(お入りください)。
　　　　　　　失礼します。
　　　　　　　おじゃまします。
　　　　　　　ようこそ(いらっしゃいました)。

사. 식사　　いただきます。
　　　　　　　ごちそうさま。 / ごちそうさまでした。

아. 연말　　今年もお世話になりました。
　　　　　　　来年もよろしく。 / 来年もよろしくお願い(いた)します。
　　　　　　　よいお年を。 / よいお年をお迎えください。

자. 신년　　あけましておめでとうございます。
　　　　　　　昨年はお世話になりました。
　　　　　　　今年も(どうぞ)よろしくお願い(いた)します。

차. 축하　　おめでとう。 / おめでとうございます。

2. 소개

가. 자기소개   こんにちは。

はじめまして。

キム・ヒョジンです。 / キム・ヒョジンと申します。

韓国から来ました。 / 韓国からまいりました。

どうぞよろしく。 / （どうぞ）よろしくお願い（いた）
します。

こちらこそ（どうぞよろしく）。 / こちらこそ（どうぞ）
よろしくお願い（いた）します。

나. 가족 소개   母です。

わたしの父です。

다. 타인 소개   こちらは佐藤さんです。

友だちの鈴木（さん）です。

3. 배려 및 태도 전달

가. 감사   どうも。

（どうも）ありがとう。 / （どうも）ありがとうござ
います。

この間はどうもありがとうございました。

おかげさまで。

いろいろお世話になりました。

나. 사과   （どうも）すみません。

きのうはすみませんでした。

（おそくなって）すみません。

ごめん。 / ごめんなさい。

もうしわけありません。 / もうしわけございま
せん。

다. 칭찬　　　日本語が上手ですね。
　　　　　　すごいですね。
　　　　　　その服、よく似合(って)いますね。/ その服、お似
　　　　　　合いですね。

라. 고충・불평　それはちょっと困るんですが。
　　　　　　あのう、カレー、まだですか。
　　　　　　もう少し静かにしてもらえませんか。

마. 격려　　　がんばれ。/ がんばってね。/ がんばってください。
　　　　　　だいじょうぶですよ。
　　　　　　中村さんならできますよ。
　　　　　　きっとうまくいきますよ。
　　　　　　はやく元気になってくださいね。

바. 위로　　　お大事に。
　　　　　　ごくろうさまです。/ ごくろうさまでした。
　　　　　　おつかれさまです。/ おつかれさまでした。
　　　　　　それは大変ですね。
　　　　　　それはざんねんですね。

사. 승낙・동의　ええ、いいですよ。
　　　　　　はい、どうぞ。
　　　　　　はい、わかりました。
　　　　　　それはいいですね。
　　　　　　そうしましょう。
　　　　　　来週ならだいじょうぶですよ。
　　　　　　はい、もちろんです。
　　　　　　ええ、よろこんで!

아. 거절·반대   すみませんが、あしたはちょっと……。
土曜日はちょっと用事があって……。
それはちょっと……。
すみません、きょうは早く帰らなければならないの
で……。
それはちょっと大変じゃないでしょうか。
それはちょっと難しいと思うんですが……。
それはちょっと無理だと思います。/無理そう
です。

자. 사양   いいえ、もうけっこうです。
だいじょうぶです。
ありがとうございます。でも、もうおなかがいっぱ
いです。

차. 겸손   いえいえ。
いいえ、まだまだです。
そんな、とんでもないです。
そんなことありませんよ。

카. 유감   ざんねんですね。/ざんねんでしたね。
山田さんに会えなくてざんねんです。

4. 의향 및 의사전달

가. 희망　　　 おすしが食べたいですね。
　　　　　　　 かわいいペットがほしいな。
　　　　　　　 新しいケータイがほしいです。

나. 의지　　　 夏休みは勉強も運動もがんばります。
　　　　　　　 9時までには帰るつもりです。
　　　　　　　 昼ご飯を食べてから、図書館に行こうと思って
　　　　　　　 います。
　　　　　　　 使い方がかんたんだったら、買います。

다. 목적　　　 留学するために勉強しています。
　　　　　　　 新宿へ買い物に行きます。
　　　　　　　 速く泳げるように、毎日練習しています。

라. 의견 제시　 家族が一番大切だと思います。

마. 기대　　　 楽しみにしています。

바. 감정　　　 とても楽しかったです。
　　　　　　　 わあ、うれしい!

사. 정정・부정　 そこじゃなくて、ここです。
　　　　　　　 いいえ、ちがいます。

5. 정보요구

가. 존재   佐藤さん、いますか。
　　　　　　 もしもし、山田さんはいらっしゃいますか。

나. 장소   すみません、この辺に銀行はありますか。
　　　　　　 すみません、トイレはどこですか。

다. 시간・때   文化祭はいつからですか。
　　　　　　 いま、何時ですか。
　　　　　　 仕事は何時までですか。
　　　　　　 東京駅までどのくらいかかりますか。

라. 선택   何にしますか。
　　　　　　 どれがいいですか。/どれにしますか。

마. 비교   スポーツの中で何が一番好きですか。
　　　　　　 バスと電車とどちらがはやいですか。

바. 이유   どうして(食べないん)ですか。
　　　　　　 なんで(行かないん)ですか。

사. 방법   東京駅に行きたいんですが、どう行ったらいいで
　　　　　　 しょうか。
　　　　　　 これはどうやって食べるんですか。
　　　　　　 北海道には新幹線で行けますか。

아. 상태   どうしましたか。
　　　　　　 どうしたんですか。
　　　　　　 最近はどうですか。

자. 형편・사정   日曜日にパーティーがあるんですが、(ご)都合は
　　　　　　 いかがですか。
　　　　　　 何時ごろがいいですか。
　　　　　　 今度の日曜日はどうですか。
　　　　　　 もう昼ごはんを食べましたか。

차. 취향·취미　どんなスポーツが好きですか。
　　　　　　　　しゅみは何ですか。

카. 능력·가능　日本の新聞を読むことができますか。
　　　　　　　　なっとうは食べられますか。
　　　　　　　　日本語ができますか。

타. 경험　　　　すもうを見たことがありますか。
　　　　　　　　駅前の店(には)、もう行ってみましたか。

파. 확인　　　　これでいいですか。
　　　　　　　　あしたの練習は5時からでしたよね。
　　　　　　　　あした、パーティーに行くでしょう?
　　　　　　　　みそラーメンふたつですね。

6. 정보제공

가. 안내   ここが私の学校です。
             ４時に出発します。
             電車がまいります。
             郵便局なら、そこの角を右に曲がるとありますよ。

나. 추측   雪が降りそうです。
             あしたは晴れるでしょう。
             夏休みに日本へ行くかもしれません。
             どうも風邪をひいたようです。
             彼は野菜がきらいみたいです。

다. 전언   田中さんが結婚するそうです。
             あの店はおいしいらしいですよ。
             加藤先生から電話がありました。

라. 상황 설명   来週日本へ行く予定です。
             音楽を聞きながらコーヒーを飲んでいます。
             写真をとったり、絵をかいたりします。
             この道はいつも空いているんですよ。
             電車の中にかばんを忘れてしまいました。
             おなかが痛いので、病院へ行きました。
             ちょっと体の具合が悪くて……。
             頭も痛いし、熱もあるんです。
             いつも６時に起きます。
             いま帰ったところです。
             試験が終わったばかりです。

7. 행위 요구

가. 의뢰   すみませんが、窓を開けてもらえませんか。
　　　　　　　　その本、貸してくれませんか。
　　　　　　　　もう少しゆっくり話してくださいませんか。
　　　　　　　　このカメラの使い方を教えていただけますか。
　　　　　　　　写真、おねがいできますか。
　　　　　　　　すみませんが、ちょっと待ってください。／ 少々お
　　　　　　　　待ちください。

나. 지시   あしたは8時までに来てください。
　　　　　　　　ひろし、早く起きて。／ 早く起きなさい。
　　　　　　　　こちらにお名前をお書きください。

다. 금지   あぶないですから、さわらないでください。
　　　　　　　　ごえんりょください。
　　　　　　　　人にめいわくかけたら、だめ(です)よ!

라. 권유   あした映画を見に行きませんか。
　　　　　　　　よかったら、いっしょに行きませんか。
　　　　　　　　じゃ、いっしょに帰りましょう。
　　　　　　　　お茶をどうぞ。
　　　　　　　　お先にどうぞ。
　　　　　　　　おかわりはいかがですか。
　　　　　　　　このシャツはどうですか。

마. 조언・제안   早く帰ったほうがいいですよ。
　　　　　　　　今日はお風呂に入らないほうがいいですよ。
　　　　　　　　薬を飲んだほうがいいんじゃないでしょうか。
　　　　　　　　インターネットで調べてみるのはどうですか。
　　　　　　　　先生に聞いてみたらどうですか。

바. 허가   ここで写真をとってもいいですか。
　　　　　　　　窓を閉めてもかまいませんか。
　　　　　　　　月曜日は来なくてもいいですか。

사. 경고   あぶない！
　　　　　　　　気をつけて！
　　　　　　　　閉まるドアにご注意ください。

8. 대화 진행

가. 말 걸기   あの(う)、すみません。
　　　　　　　　ね(え)、知ってる? / ね(え)、山下さん。
　　　　　　　　すみません。
　　　　　　　　しつれいですが、……。
　　　　　　　　ちょっといいですか。 / ちょっとよろしいですか。

나. 머뭇거림   ええと。
　　　　　　　　うーん、そうですね。

다. 화제 전환   ところで、きのうはどうでしたか。
　　　　　　　　さっきの話ですけど。
　　　　　　　　話はかわりますが、……。

라. 맞장구   あ、そうですか。
　　　　　　　　ええ、そうですね。
　　　　　　　　そうそう。
　　　　　　　　ほんとう?
　　　　　　　　なるほど。

마. 되묻기   何?
　　　　　　　　えっ?

제 2 부

일본어 교육의 실제

제1장 음성지도

1. 음성과 음소

인간이 말에 사용하는 음성은 폐에서 나오는 날숨이 음성기관과 접촉해서 내는 소리다. 폐로 들이쉬는 숨, 들숨이 말에 사용되는 일은 거의 없다. 연설 등과 같이 오랜 시간, 높은 소리로 이야기하는 경우는 많은 양의 날숨을 필요로 하기 때문에 폐에 숨을 충분히 저장해 두어야 한다.

음성기관이란 폐를 통하여 공기가 입 밖으로 나오기 전까지 조음작용에 참여하는 목 혹은 입안의 여러 부분을 말한다. 후두에는 성대가 있다. 성대는 날숨이 후두를 통과할 때 진동하여 음을 낸다. 이것이 소리다. 공명실(共鳴腔)인 입안(口腔)과 코안(鼻腔)은 구개(윗잇몸 안쪽에서 목 부분까지 입안을 덮고 있는 둥근 천장 부분)에 의해 격리되고, 날숨은 구개의 가장 뒤쪽에 드리워진 목젖(口蓋帆)의 개폐에 따라 구강 또는 비강을 통과한다.

감기 등에 의해 폐쇄가 완전하지 않으면 날숨이 비강으로 새어 콧소리가(鼻声)가 난다. 구개는 두 개로 나뉘는데 전반부의 딱딱한 부분을 경구개(硬口蓋)라고 하고, 후반부의 부드러운 부분을 연구개(軟

口蓋)라고 한다. 구강의 아랫부분은 혀로, 소리를 내는 데 없어서는
안 될 가장 중요한 부분이다. 전, 중, 후로 3 등분 하여 전설, 중설,
후설이라 하고, 혀끝을 설선(舌先)이라고 한다. 구개와 혀 앞에는 잇
몸(齒莖)과 입술이 있다. 구강은 턱의 개폐에 의해 움직인다. 위턱은
고정되어 있고, 날숨이 아래턱의 움직임, 입술의 움직임, 혀의 움직
임에 영향을 받아 다양한 소리가 생긴다. 음성기관을 움직여 한 곳
을 폐쇄하거나 좁게 하는 것에 의해 다양한 음성을 만드는 것을 조
음(調音)이라고 한다. 말은 음성의 연속이지만, 음성을 나눌 수 있는
최소의 단위는 단음(単音)이다. 단음은 조음 방법으로 분류한다. 성

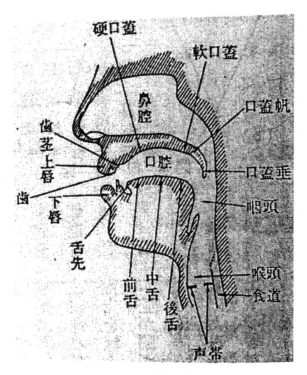

<그림 1> 音聲器官

대의 진동 유무에 따라 진동을 동반하는 것을 유성음, 성대의 진동을 동반하지 않는 것을 무성음이라고 한다. 날숨이 구강 내에서 폐쇄, 좁아짐의 영향으로 차단되는가에 따라 모음(母音)과 자음(子音)으로 구분된다. 모음은 날숨이 구강 속에서 아무런 방해를 받지 않고 나오는 단음으로 유성음이며, 자음은 날숨이 음성기관의 폐쇄나 마찰의 영향을 받아 나오는 단음이다.

단음은 다음과 같은 관계에 있다.

단음 ⇒ 유성음 ⇒ 모음
　　　　　　　　유성자음 ⇒ 자음
　　⇒ 무성음 ⇒ 무성자음 ⇒ 자음

단음은 이 기준에 의해 분류되고, 음성기호로 표시한다. 현재 널리 사용되고 있는 것은 국제음성자모로, 영어 사전 등에서 발음기호를 나타낼 때 사용되는 [ ] 속에 나타내고 있다.

모음은 혀의 모양을 바꾸거나 아래턱을 상하로 움직여 구강의 모양을 바꾸고 입술의 모양을 변화시켜서 만드는 음이다. 세 가지 ①혀의 고저, ②혀의 부위, ③입술의 모양에 따라서 모음의 성질이 달라지므로, 이 세 가지를 모음 분류의 기준으로 삼는다.

① 혀의 고저 : 혀가 가장 높은 위치에서 발음되는 것을 고모음(高母音), 가장 낮은 위치, 입을 가장 많이 벌린 상태에서 나는 모음을 저모음(低母音), 중간 단계를 중모음(中母音)이라 한다.
② 혀의 부위 : 혀를 3 부분으로 나누어 혀의 앞부분을 전설(前舌), 중간부분을 중설(中舌), 뒷부분을 후설(後舌)이라 한다.

③ 입술의 모양 : 입술을 둥글게 하여 내는 모음을 원순모음(圓脣母音), 입술을 둥글게 하지 않는 모음을 비원순모음(非圓脣母音) 또는 평순모음(平脣母音)이라 한다.

영국의 음성학자 다니엘 존즈(Daniel Jones)는 렌트켄 실험을 거쳐 8 개의 기본모음을 정하고, 이것을 그림으로 나타냈다.

현대 일본어의 모음조직은 단순하다. 그림 (a)와 같이 모음 삼각도로 나타낼 수 있다. 모음을 길게 늘여 발음하는 경우를 장모음(長母音)이라고 하며, 두 개의 모음이 밀접하게 결부되어 발음되는 것을 중모음(中母音)이라고 한다. 소리가 구강이 아닌 비강을 통과하여 나는 것을 비모음(鼻母音)이라고 한다. 비모음은 [ã], [õ]과 같이 비음화 표시인 [~]을 붙여서 나타낸다. 모음의 전후에 부차적으로 이용되는 모음을 반모음(半母音)이라고도 한다.

자음은 날숨이 음성기관의 방해를 받아 생긴다. 자음을 분류하는 방법으로는 다음의 세 가지가 있다.

① 유성음과 무성음에 의한 분류

② 조음방법에 의한 분류

· 파열음(破裂音) : 폐쇄음이라고도 한다. 구강을 완전히 폐쇄시켜 막힌 공기의 압력을 높였다가 공기를 밖으로 터뜨릴 때 압축된 공기가 방출되며 나는 소리다.

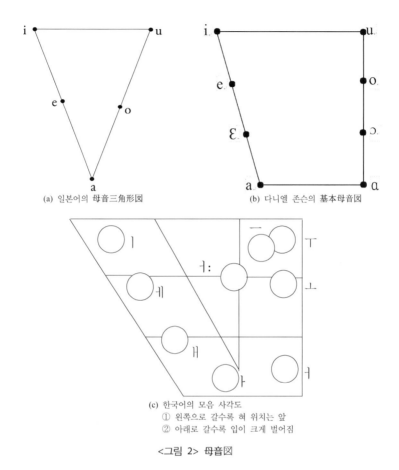

(a) 일본어의 母音三角形図

(b) 다니엘 존슨의 基本母音図

(c) 한국어의 모음 사각도
① 왼쪽으로 갈수록 혀 위치는 앞
② 아래로 갈수록 입이 크게 벌어짐

<그림 2> 母音図

· 마찰음(摩擦音) : 날숨이 현저하게 좁아진 조음기관을 통과할 때 마찰에 의해 발생되는 소리다.

· 파찰음(破擦音) : 파열음의 직후에 마찰음이 같은 조음위치에서 발생하는 소리다.

· 탄 음(弾 音) : 혀끝을 가볍게 튕겨서 내는 소리다.

· 비 음(鼻 音) : 구강이 닫혀 날숨이 비강을 통과할 때 공명에 의

해 발생하는 소리다.

그 외, 외국어에서는 날숨이 혀 양쪽을 통과하는 측면음 [l] 등이 있다.

③ 조음장소에 따른 분류
· 양순음(兩脣音) : 위아래 두 입술로 내는 소리다.
· 치경음(歯莖音) : 혀끝을 잇몸에 대고 내는 소리다.
· 경구개음(硬口蓋音) : 혀의 앞부분이 경구개에 닿아 나는 소리다.
· 연구개음(軟口蓋音) : 후설이 연구개에 닿아 나는 소리다.
· 구개수음(口蓋垂音) : 후설이 목젖에 닿아 나는 소리다.
· 성문음(声門音) : 후두에 있는 성대에서 나는 소리다.

이 외에, 영어에는 아랫입술을 윗니에 대고 내는 소리인 순치음 (脣歯音) [f], [v] 등이 있다.

이상의 분류기준에 의해 일본어의 자음을 분류하면 [표 1]과 같이 된다.

<표 1> 현대 일본어의 자음

			兩唇音	齒莖音	硬口蓋 齒莖音	硬口蓋音	軟口蓋音	口蓋垂音	聲門音
口 音	破裂音	無聲	p	t			k		
		有聲	b	d			g		
	摩擦音	無聲	φ	s	ʃ	ç			h
		有聲	w	z	ʒ	j			
	破擦音	無聲		ts	tʃ				
		有聲		dz	dʒ				
	彈音	無聲							
		有聲	r						
鼻音		無聲							
		有聲	m	n		ɲ	ŋ	N	

단음은 단독 혹은 몇 개를 합쳐서 음절을 구성한다. 음절의 구성에는 언어에 따라 일정한 규칙이 있다. 고유 일본어는 ① 하나의 모음만으로 되어 있는 것, ② 하나의 자음과 하나의 모음으로 되어 있는 것이 있다. 고유 일본어는 모음으로 끝나는 개음절(開音節) 언어였지만, 漢語 등의 외국어의 영향으로 拗音, 促音(つまる音), 撥音(はねる音)이 생겼다. 음절에는 淸音과 濁音, 直音과 拗音의 대립이 있다.

현대 일본어의 표준 음절은 [표 2]와 같다.

<表 2> 현대 일본어의 표준적 음절

清音

ア [a]	イ [i]	ウ [u]	エ [e]	オ [o]
カ [ka]	キ [ki]	ク [ku]	ケ [ke]	コ [ko]
サ [sa]	シ [ʃi]	ス [su]	セ [se]	ソ [so]
タ [ta]	チ [tʃi]	ツ [tsu]	テ [te]	ト [to]
ナ [na]	ニ [ɲi]	ヌ [nu]	ネ [ne]	ノ [no]
ハ [ha]	ヒ [çi]	フ [ɸu]	ヘ [he]	ホ [ho]
マ [ma]	ミ [mi]	ム [mu]	メ [me]	モ [mo]
ヤ [ja]		ユ [ju]		ヨ [jo]
ラ [ra]	リ [ri]	ル [ru]	レ [re]	ロ [ro]
ワ [wa]				

濁音

ガ [ga][ŋa]	ギ [gi][ŋi]	グ [gu][ŋu]	ゲ [ge][ŋe]	ゴ [go][ŋo]
ザ [dza]	ジ [dʒi]	ズ [dzu]	ゼ [dze]	ゾ [dzo]
ダ [da]			デ [de]	ド [do]
バ [ba]	ビ [bi]	ブ [bu]	ベ [be]	ボ [bo]

半濁音

パ [pa]	ピ [pi]	プ [pu]	ペ [pe]	ポ [po]

拗音

キャ [kja]	キュ [kju]	キョ [kjo]
シャ [ʃa]	シュ [ʃu]	ショ [ʃo]
チャ [tʃa]	チュ [tʃu]	チョ [tʃo]
ニャ [ɲa]	ニュ [ɲu]	ニョ [ɲo]
ヒャ [ça]	ヒュ [çu]	ヒョ [ço]
ミャ [mja]	ミュ [mju]	ミョ [mjo]
リャ [rja]	リュ [rju]	リョ [rjo]

拗音(濁音)

ギャ [gja][ŋja]	ギュ [giu][ŋiu]	ギョ [gjo][ŋjo]
ジャ [dʒa]	ジュ [dʒu]	ジョ [dʒo]
ビャ [bja]	ビュ [bju]	ビョ [bjo]

拗音(半濁音)

ピャ [pja]	ピュ [pju]	ピョ [pjo]

撥音(はねる音)

ン [m] [n] [ŋ] [N] 등.

促音(つまる音)

ッ [-k(k-)] [-t(t-)] [-t(ts-)] [t-(tʃ-)] [-p(p-)] [-s(s-)] [-ʃ(ʃ-)]

이상은 생리적, 물리적 현상으로서의 음성에 대해서 설명한 것이다. 그러나 일본어라는 언어에서 실제로 식별되어 사용되고 있는 음성에 대해서는 다른 각도에서 생각할 필요가 있다. 「雨」를 [ame]로 발음해도, [ɑmɛ]라고 발음해도, 일본어를 사용하고 있는 화자와 청자에게는 똑같은 「アメ」라는 음성으로 인식되고 통용되고 있다. 「me」의 음은 「mo」 및 「ma」 등과 구별이 되면 그것으로 충분하며 「me」의 음이 [me]인지 [mɛ]인지 등의 음색 식별에 대해서는 의식하지 않는다. 이와 같은 음성의 인식을 음운론적 구별이라 하는데, 생리적, 물리적 현상으로서의 음성은 [ ]로 나타내고, 음운론적 구별은 / /로 나타낸다.

일본어를 학습하는 한국인에게는 탁음과 청음의 구별이 힘든 경우가 많다. 그 이유는 한국어에는 청, 탁음이 의미 변별을 초래하지 않아 소리 구분에 무신경하기 때문이다. 그러나 일본어에서는 청, 탁음에 의해 의미가 달라지는 경우가 있기 때문에 소리 구별에 민감하며, 개별 음성으로 인식이 되고 있는 것이다. 그와 반대로 한국어를 배우는 일본인은 '전'과 '정'을 구별하지 못하는 경우가 많은데, 그 이유는 'ㄴ'과 'ㅇ'의 받침소리가 일본어에서는 「ん」으로 표기되며 같은 소리로 인식하고 있기 때문이다. さんにん(산닌)과 さんまい(삼마이)의 구별도 역시 마찬가지이다. 이와 같이 하나의 음소는 음성 환경에 따라 서로 다른 음가의 소리로 실현되는데, 이 소리들을 그 음소의 이음(allophone, 변이음)이라 한다. 한 음소의 이음들은 대체로 상보적 분포를 보인다. 따라서 한 이음이 나타나는 환경에 다른 이음이 나타나지 못한다.(ひ[çi] ふ[ɸu])

음성의 최소단위가 단음이라면 음운론적 구별의 최소단위는 음소(phoneme)다. 위의 「雨」를 예로 들면, 단음 [a]와 [ə]는 같은 /a/, 「m

」은 /m/, [e]와 [ɛ]는 같은 /e/라는 음소에 해당한다. 이 경우, [a]와 [ɑ]는 음소 /a/에 대해, 또 [e]와 [ɛ]는 음소 /e/에 대해서 각각 이음 (allophone)관계에 있다고 한다. 음성적으로 유사한 두 개의 단음을 예로 들면, ガ행 자음은 어두에서 [g]로 되고 중간에서는 [ŋ]로 되는 것처럼, 서로 보완하는 관계에 있는 경우 동일한 음소로 인정할 수 있다. フ의 음은 [ɸu], ハ의 음은 [ha]이지만, 일본어에서는 [ɸ]는 [a] 앞에서 나타나지 않고 [h]는 [u] 앞에 나타나지 않으며, 서로 보완하는 관계에 있기에, 동일한 음소로 다루는 것이다.

이와 같은 방식으로 단음을 분석하면, 일본어에는 다음과 같은 음소가 있음을 알 수 있다.

모음음소   /a, i, u, e, o/
반모음음소   /j, w/
자음음소   /k, g;, s, z; t, d; n; h, b, p; m; r/

이 외에 외국어의 영향에 의해 생긴 특수한 음소 /N/, /Q/가 있다.

1.1 모음음소와 단음

/a/ 五十音図의 ア단의 음에 공통으로 존재하는 음. 일본어에서는 가장 크게 입이 벌어지는 모음으로 [a] 혹은 [ɑ]로 발음된다. 한국어의 「아」와 거의 같지만 일본어의 /a/가 입의 벌림의 정도가 약간 좁다. 비원순 전설 저모음

/i/ イ단의 음에 공통되는 음. 입의 벌림이 좁은 전설모음 [i]. 한국어의 「이」보다 혀의 위치가 다소 낮다. 비원순 전설 고모음

/u/ ゥ단의 음에 공통되는 음. [u]는 외국어에서는 입술 모양이 둥근 음을 나타내지만, 일본어에서는 입술이 둥글게 되지 않기 때문에 엄밀하게는 [ɯ]로 나타낸다. 한국어의 「우」를 평순으로 발음한 경우다. 비원순 후설 고모음

/e/ ェ단의 음에 공통되는 음. 입의 벌림이 [a]와 [i]의 중간 정도의 전설모음 [e]. 한국어의 「에」와 「애」의 중간 음이다. 비원순 전설 중모음

/o/ ォ단의 음에 공통되는 음. 입의 벌림이 [e]와 거의 같은 후설모음 [o]. 한국어의 「오」와 거의 비슷하다. 원순 후설 중모음

1.2 반모음음소와 단음

/j/ ャ행의 자음 [j]로, [kja], [rjo]와 같이, 요음의 자음과 모음 사이에 나타난다. 음운론적으로는 현대어의 모든 요음을 형성하는 요소가 된다.

/w/ ヮ행의 자음 [w]로, 古語에서는 요음 [kwa], [gwa] 등으로 나타난다.

1.3 자음음소와 단음

/k/ カ행 음과 カ행 요음의 자음 [k]. カ행 요음 [kja], [kju], [kjo]는 /kja/, /kju/, /kjo/로 해석한다. 자음 음소 /k/와 반모음 /j/와 모음 음소 /a/, /u/, /o/로 이루어진다.

/g/ ガ행 음과 ガ행 요음의 자음 [g], [ŋ]. 단, 어두에 올 때는 [g], 제2음절 이하의 위치에 나타날 때는 [ŋ]가 된다. 그러나 접속사의

「が」는 어두에서도 [ŋ]로 발음되고, 어중에서도 역시 「十五」와 같이 [go]로 발음되는 경우 등 예외가 조금 있다. 그래서 /g/와 /ŋ/로 나누기도 한다.

/s/ サ・シ・ス・セ・ソ의 자음 [s]와 シ의 자음 [ʃ]. シ의 자음은 [ʃ]이지만, 이것은 모음 [i]의 영향에 의한 것으로 해석되기 때문에, 역시 /s/로 취급한다. サ행 요음의 자음은 [ʃ]이지만 /sj/로 해석한다.

/z/ ザ・ジ・ズ・ゼ・ゾ의 자음은 [dz], ジ의 자음은 [dʒ]이지만, 함께 /z/로 해석한다. ザ행 요음의 자음은 [dʒ]이지만 /zj/로 해석한다.

/t/ タ・テ・ト의 자음은 [t], チ의 자음은 [tʃ], ッ의 자음은 [ts]이지만, 함께 /t/로 해석한다. 단, [tʃ]와 [ts]는 /c/로 해석하여 /t/와 구별하기도 한다. タ행 요음의 자음은 [tʃ]이지만 [tj]로 해석한다.

/d/ ダ・デ・ド의 자음[d]. 「ぢ」「づ」로 써서 나타내어지는 음은 「じ」「ず」로 써서 나타내어지는 것과, 일반적으로는 각각 음운상의 구별이 없다.(はなぢ、かじ)

/n/ ナ・ヌ・ネ・ノ의 자음은 [n], ニ의 자음은 [ɲ]이지만, 함께 /n/으로 한다. ナ행 요음의 자음은 [ɲ]이지만 /nj/로 해석한다.

/h/ ハ・ヘ・ホ의 자음은 [h], ヒ의 자음은 [ç], フ의 자음은 [ɸ]이지만, 함께 /h/로 한다. ハ행 요음의 자음은 [ç]이지만 [hj]로 해석한다.

/b/ バ행 음 및 バ행 요음의 자음 [b]

/p/ パ행 음 및 パ행 요음(반탁음)의 자음 [p]

/m/ マ행 음 및 マ행 요음의 자음 [m]

/r/ ラ행 음 및 ラ행 요음의 자음 [r]

이 외에 외래어의 영향에 의해 발생한 특수한 음소가 있다.

/N/ 撥音(はねる音). ン(ん)으로 써서 나타내어지는 음으로, 가령, 点[teN], 産婆[samba], 三度[sando] 등과 같이 어말에 나타날 때는 [N], [p]・[b]・[m]의 앞에서는 [m], [t]・[d]・[n]의 앞에서는 [n], [k]・[g]・[ŋ]의 앞에서는 [ŋ]이다.

/Q/ 促音(つまる音). [p], [t], [k], [s], [ʃ]가 각각 같은 자음이 뒤에 계속되는 경우에 발생하는 음이다.

현대 일본어의 음운체계는 이상과 같다. 이상의 음소가 연결되어 음운론적 음절을 만드는데, 이것을 모-라(mora)또는 拍이라 한다. 모-라는 일본어에서는 거의 仮名 1字에 해당되는 단위로,「雨」는 /a/와 /me/,「汽車」는 /ki/와 /sja/라는 모-라로 이루어진다. 여기서 중요한 것은 한국인 학습자에게서 틀리기 쉬운 발음인 /N/과 /Q/에 관한 것이나 이것 역시 하나의 모-라이므로, 발음할 때에 다른 것과 마찬가지로 한 박자의 시간으로 계산해서 충분한 시간을 끌어 발음해야 한다. 예를 들면, かた는 2 박자 시간으로, かった는 3 박자 시간으로 발음해야 정확한 발음이 된다. 마찬가지로 たにん은 3 박자, たんにん은 4 박자다. 일본어에서는 앞에서 진술한 음소가 자유로이 연결되어 모-라를 만들고 있는 것이 아니고, 그 규칙이 정해져 있다. 모-라 일람표를 나타내면 [표 3]과 같다.

<표 3> 현대 일본어의 모-라표

/a	i	u	e	o	ja	ju jo wa/
/ka	ki	kɯ	ke	ko	kja	kju kjo/
/ga	gi	gu	ge	go	gja	gju gjo/
/sa	si	su	se	so	sja	sju sjo/
/za	zi	zɯ	ze	zo	zja	zju zjo/
/ta	ti	tɯ	te	to	tja	tju tjo/
/da			de	do/		
/na	ni	nɯ	ne	no	nja	nju njo/
/ha	hi	hu	he	ho	hja	hju hjo/
/ba	bi	bu	be	bo	bja	bju bjo/
/pa	pi	pu	pe	po	pja	pju pjo/
/ma	mi	mɯ	me	mo	mja	mju mjo/
/ra	ri	rɯ	re	ro	rja	rju rjo/
/N	Q/					

/N/과 /Q/는 각각 단독의 음소 그대로 하나의 모-라를 형성하는
데, 이들 모-라의 구조는 자음음소를 C, 반모음음소를 S, 모음음소를
V로 하면, /V/, /SV/, /CV/, /CSV/와 /N/, /Q/로 나타낸다. /N/, /Q/
이외는 모음으로 끝나는 것이 일본어의 음운적 특징이다. 그렇기에
외국어가 일본어에 도입될 때 stop(CCVC), sutoppu(CVCVQCV)처
럼 모음을 더하기 때문에 /Q/ 이외에 자음의 연속이 없어진다. 영어
의 text가 tekisuto로 발음되는 이유도 여기에 있다.

2. 악센트

　악센트는 말에 사회적 습관으로 정해져 있는 상대적인 高低 또는 強弱의 배치를 말한다. 고저에 의한 악센트를 높이 악센트(pitch accent), 강약에 의한 악센트를 강세 악센트(stress accent)라고 한다. 일본어의 악센트는 높이 악센트로 말의 의미 구별 및 말과 말의 단락을 나타내는 역할을 한다. 악센트가 높은 음절에 세로쓰기는 오른쪽에 줄을, 가로쓰기는 위에 줄을 그어서 나타낸다. 악센트는 말에 따라 악센트 유형이 정해져 있기 때문에 그 형태를 나타내기 위해서 높은 음절을 ●, 낮은 음절을 ○으로 나타내기도 한다. 예를 들면, タカイ는 ○●○로 나타낸다.

　높은 음절은 ○●●●○(美(うつく)しい)처럼 하나가 아닌 경우도 있다. 높은 음절의 제일 마지막 음절이 그 다음에 내리막을 동반할 때, 그 음절을 악센트核이라 하고 높은 음절에서 낮은 음절로의 내리막을 악센트의 滝(たき)라고 한다. 악센트의 滝는 말의 마지막 음절의 직후에 있기도 한다. 조사를 붙여 구별할 수 있다. 「花(はな)」와 「鳥(とり)」는 모두 ○●인데, 조사 「が」를 붙이면 「花」는 ○●▽, 「鳥」는 ○●▼가 된다. ▼▽는 조사 악센트의 고저를 나타낸다. 「花」에는 악센트의 滝가 있고, 「鳥」에는 없다. 이러한 악센트의 滝(악센트核)를 가지는 악센트를 起伏式이라고 하고, 가지지 않는 악센트를 平板式이라고 한다. 기복식에는 頭高型(●○○), 中高型(○●○), 尾高型(○○●)이 있다.

　현대 공통어의 악센트에서 2 음절어는 平板型, 尾高型, 頭高型 세 종류, 3 음절어는 平板型, 尾高型, 中高型, 頭高型 네 종류라고 하는 것처럼, 명사의 악센트 유형의 종류는 음절수보다 하나 많다. 기본적 악센트 유형을 표시하면 [표 4]와 같다.

<표 4> 共通語의 악센트 유형

	平板型	起伏型			
		尾 高	中 高		頭 高
一音節語	○ ▼				● ▽
二音節語	○ ● ▼	○ ● ▽			● ○ ▽
三音節語	○ ● ● ▼	○ ● ● ▽	○ ● ○ ▽		● ○ ○ ▽
四音節語	○ ● ● ● ▼	○ ● ● ● ▽	○ ● ● ○ ▽	○ ● ○ ○ ▽	● ○ ○ ○ ▽

3. 음성지도의 실제

3.1 ざ와 じゃ

한국과 동남아시아 사람들 중에는 「ザ, ズ, ゼ, ゾ」를 발음하려고 할 때 「ジャ, ジュ, ジェ, ジュ」로 발음 되어버리는 사람이 있다. 「～ございます」를 말 할 때, 「ごじゃいます」로 들리기도 하는 것이다.
ザ 행이 ジャ 행이 되지 않도록 연습해 보자.

ザ행을 발음할 때는 혀 앞면이 솟아오른다. 조음점이 조금이라도 뒤로 벗어나 버리면 ジャ로 들리게 된다. ザ 행과 ジャ 행의 혀의 위치는 매우 비슷하고 입 모양의 변화를 설명해서 고치려고 해도 어려운 점이 많다. 그래서 ザ 행이 ジャ 행이 될 때는 ジャ 행에서 직접 ザ 행으로 고치려고 하지 말고 먼저 サ 행에서 ザ 행으로 발음하는 연습을 하면 도움이 된다.

① 처음 [s]의 음을 길게 늘여 발음한다.
② [s]를 계속 발음하면서 소리를 낸다. 그 후에 [z]라고 소리를 낸다.
③ [z]의 음을 확인한 후, 뒤에 모음을 첨가한다.
④ 짧게 「ザ」를 말한다. [za]

일본어의 ザ 행음은 어두에서는 파찰음 [dz]로 발음 되지만, 이것을 마찰음 [z]로 발음하더라도 일본인은 거의 구별이 안 되기 때문에 실제적인 문제는 없다.

3.2 어두 유성음의 무성음화

「バス」가 「パス」로, 「でんき」가 「てんき」로, 「がっこう」가 「かっこう」로 발음 되는 등, 말의 어두의 유성음이 무성음이 되어버리는 경우가 있다. 이것을 유성음으로 발음하는 연습을 해보자. 연습했던 반대의 경우와 비교하면 조금 어려울 수도 있지만 몇 가지 방법을 소개해 보겠다.

・입을 닫은 상태로 소리를 내고 있다는 사실을 확인하는 연습을 해보자.

　① 처음 [p]의 입모양처럼 양 입술을 닫는다.

　② 입을 닫은 상태로 소리를 낸다.

　③ 공기가 통하지 않게 돼서 소리를 낼 수 없게 되지만, 그 때 '입을 다문 채 소리를 내고 있다'는 감각을 의식하면서 반복한다.

　④ 소리가 나오고 있다는 감각을 느끼면, 즉시 바로 다음 모음을 계속해서 [ba]를 발음한다.

　⑤ 같은 방법으로, [d], [g]도 해본다.

・「ん」과 모음을 앞에 붙여 발음하는 연습도 있다.

　① 단어의 처음에 「ん」을 붙여 「ンバス」, 「ンでんき」처럼 발음한다.

　②「ん」의 부분을 조금씩 짧게 해서 「バス」, 「でんき」가 되도록 한다.

3.3 拍와 관련된 발음지도

1) 쓰면서 발음을 연습한다.

발음할 때는 학습자는 어디까지가 한 박자인지를 이해하면서 연습해야 한다. 칠판이나 종이 등에 단어와 박자와의 관계를 써서 설명하고, 학습자는 그것을 보면서 발음하는 방법이 있다.

예를 들면 한 박자마다 네모 틀 안에 넣는 것, /를 써서 구별하는 것, 아래에 U를 표시 하는 것 등을 기록하여 보면서 박자를 구별해 발음한다.

お	ば	さ	ん
お	ば	あ	さ	ん

びょ／う／い／ん

び／よ／う／い／ん

きた

きった

2) 손가락으로 박자를 세면서 발음한다.

단어를 발음할 때 매 박자에 손가락으로 세면서 연습한다.

3) 걸어가면서 발음한다.

교실에서 학습자를 서게 한다. 한 박자에 한 걸음씩 걸으면서 단어를 발음한다.

4) 박자를 사용한 게임

초중등 교실에서는 박자를 게임으로 연습할 수 있다.

[경보 게임]
① 학생을 교실 가장자리에 일렬로 서게 한다.

② 테마를 스포츠, 음식, 동물 등으로 정한다. 교사가 교실에 사인을 보 낸다. 테마가 '스포츠'라면 스포츠 그림을 그림 카드나 사진 판넬로 보여주거나, 모국어로 말하기도 한다.

③ 학생은 교사의 사인을 보고 최대한 빨리 손을 들어 일본어로 대답한다. 가장 빨리 대답한 학생은 해당 단어의 박자 수만큼 걸어갈 수 있다. 예 를 들어 답이「やきゅう」라면 학생은「や」,「きゅ」,「う」라고 발음하면 서 세 걸음 걸어갈 수 있다.

④ 가장 빨리 교실 반대편 벽에 도착한 학생이 승리

5) 악센트 지도

여기서는 여러 방법으로 일본어 악센트의 높낮이를 가르치는 연습을 한다. 악센트의 높낮이의 차이를 아직 잘 이해하지 못 하는 학습자는, 소리를 듣는 것만으로는 높은지 낮은지를 좀처럼 판단할 수 없다. 그 때, 학습자에 대해 소리 이외의 방법으로 높고 낮음을 나타내주면 알기 쉽다.

구체적인 방법은, 칠판에 선 긋기, 음표 그리기, 손 올리고 내리기, 목 올리고 내리기 등의 방법이 있다.

• 손이나 머리의 움직임으로 소리의 높이를 나타낸다.
  - 손을 사용한다.
단어를 천천히 발음하면서 악센트의 높낮이에 맞춰 손을 올리거나 내린다.

- 목을 사용한다.

낮을 때에는 아래로 내리고 높을 대에 위로 올리면서 단어를 발음한다.

・음악의 음의 높이로 연습한다.

악센트의 형을 보며 낮은 음을 '도', 높은 음을 '미'의 음으로 노래해 본다.

다음으로 그 음의 높이대로 노래하듯 단어를 발음한다. 세 가지의 음이 있어 어려운 경우는 두 개의 음으로 시작해도 된다. (도미 - 미도)

음의 높이에 집중시키기 위해, 악기를 사용하거나, 콧노래나 휘파람을 부는 것도 가능하다.

제2장 문자와 한자지도

1. 일본어 어휘 분류

「今日はバスで出勤した」이 문장에는 「今日」, 「バス」, 「出勤」이라는 각각 다른 성격을 가진 단어가 보인다. 이들은 출신, 파생에서 크게 '고유일본어', '중국어 ','외국어 '로 나눌 수 있다. 이들이 섞여 한 단어가 되는'혼종어 '를 여기에 더하면 4 개로 분류된다. 이것을 총칭해서 어종이라고 말한다.

1.1 고유 일본어

'고유일본어'는 일본의 고유어를 말하고, 한자 읽는 방법에서 훈에 상응한다. 「かみ、かお、ほほ、め、みみ、はな、くち、くび、のど、かた、むね、へそ、うで、て、あし、つめ」등 신체의 외관 부위를 나타내는 명칭 대부분은 고유일본어가 차지하고 있다. 고유일본어에는 「こころ」, 「きも」도 단어도 있지만, 본래 「こころ」은 심장을 나타내는 것이 아니며, 「きも」도 간을 나타내는 단어가 아니었다. 눈에 보이지 않는 내장 명사는 대부분 「心臓」, 「肝臓」, 「腎臓」 등과 같이 한자어로 표현되고 있다. 또한 고유일본어는 기본 동사와 형용사에서 많이 볼 수 있다. 「見る、する、食べる、思う、考える」, 「赤い、白

い、무い、悲しい、嬉しい」 등이 있다. 하지만 일본어 동사에 고유
일본어는 많지 않다. 그만큼 동사를 수식, 한정하는 의성어나 의태
어에 의한 표현이 발달 되어 있는 것이다. 그것은 대부분 고유일본
어 동사, 형용사의 어근에서 유래하고 있다.

あさ-あっさり/　うす-うっすら/　すか-すっかり/　しみ-しんみり/
やわ-やんわり/　すな-すんなり

고유일본어의 형태적 특징과는 달리 중국어에서는「漠然, 芸術, 来
客, 廊下」 등과 같이 어두에 탁음이 오면 r행음도 온다. 그리고 장음
과 요음, 촉음, 비음등은「公平, 華奢, 実行, 氾濫」과 같이 한자어의 특
징적인 발음이다.

1.2 한어

중국에서 들어온 단어를 한어라고 하는데, 그 중에는 일본에서 만
들어진 것도 포함되어 있다. 따라서 중국의 발음(한자음)에 따라 읽
는다는 특징에서 '자음어'라고도 불린다.
현대 일본어에서 중국어는 인간 활동과 추상적 관계를 나타내는
것이 많이 이용되고 있다. 특히 정부 기관의 활동 및 직계, 관위 등
에서 많이 사용하고 있다.

1) 한어와 자음

한어를 자음의 종류에 따라 분류하면 다음과 같다.

오음에 의한 한어 : 力士, 経文, 京都

한음에 의한 한어 : 能力, 経済, 京阪

당음에 의한 한어 : 行脚, 普請, 椅子

오음에 의한 한어에는 「法師、力士、布施」 등 불교 용어가 많은 것이 특징이고 「無理、白米、家来」처럼 서민 생활 용어에도 보인다. 한음에 의하면 중국어는 견수사, 견당사들의 귀국과 함께 전해져, 한문을 읽을 때 정음으로 사용된다. 한자음에서 가장 많이 사용되고 있는 읽는 방법이다.

당음에 따른 언어는 중세, 근세에 걸쳐 선종관계의 스님이나 무역상인 등에 의해서 된 것으로 「布団、饅頭、外郎」 등의 단어에 남아 있다.

2) 오래된 한어

한어의 도래는 상당히 오랜 역사를 가지며, 발음도 고유일본어와 구별할 수 없는 것도 있다. 「梅、銭、馬」 등이 중국의 옛 소리에서 유래한다는 것을 믿지 않을 만큼 일반화 된 일본어다. 오늘날 이들은 훈으로 읽혀지고 있기에 고유일본어일 것 같지만, 중국의 음에 유래를 두고 있음은 확실하다.

3) 근세이후의 한어음

근세이후의 한어음을 그대로 받아드린 것이다. 예를 들면 「マージャン、シャンハイ、シューマイ、チャーハン」 등은 현대 중국의 발음에 가깝고 오음, 한음 계통으로 보면 규칙성의 부족, 임시적, 개

별적인 발음이 많아 외래어로 취급된다.

에도막부 말기부터 일본어에 한어의 사용이 급속하게 증가하면서, 서양의 새로운 사물이나 개념을 반영하는 것이나, 메이지 유신이라는 새로운 시대의 요구에 상응하려는 신중국어가 많이 탄생했다.「中央、分割、活動、主張、逆吂」과 같이 근세 중국어에서 차용한 것, 현대 한어 번역어, 근대이후의 일본식 한어 등이 그것이다.

4) 일본식 한어(和製漢語)

한어가 오래 사용됨에 따라 훈독 단어의 표기를 음독으로 바꾼 것이 생겼다.「かへりごとー＞返事、ものさはがしー＞物騒、おほねー＞大根」등은 일본에서 독자적으로 맞춘 한자를 음독한 일본식 한어다. 특히 현대에 들어 외국어 개념에 대응하기 위해 「哲学、抽象、悲劇、感性、共産、主義」등 많은 단어가 중국어의 형태로 번역되었다. 또한 大正 이후에는 「周波、体系、暖色、脚光、時効、洗脳、公害、台本、弾圧、発禁、印税、協賛、団地、留年、座談会、赤外線、主題歌、適齢期、有機体、過渡期、既得権、紫外線、変質者」등 일본에서 독자적으로 결합 된 한자 숙어가 많이 사용되었다.

1.3 외래어

1) 외래어의 역사

16세기 이후 중국 이외의 외국어에서 차용된 단어를 '외래어'라고 한다. 처음은 무로마치 시대의 포르투갈 선교사 등에 의해 전해진 포르투갈어에서 차용되었다.

에도시대에 쇄국정책이 시작 되었지만 네덜란드와의 무역은 허용했기 때문에 네덜란드어를 통해서 서양 학문이 전해졌다. 난학이 흥하면서 네덜란드어에서 들어오는 단어가 많아졌다. 19세기 중반 이후, 영어가 대두하고, 메이지 시대에 들어 외래어의 사용이 점점 증가했다. 이외에도 현대화의 과정에서 유럽의 문화를 받아 들였기 때문에 독일어, 프랑스어, 이탈리아어, 러시아어 등 유럽을 중심으로 한 많은 언어에서 외래어가 차용되었다. 大正 시대의 외래어 사용은 정점에 달했지만, 태평양 전쟁 때 영어가 적성어로 간주되어 임시 사용금지 되었다.

전후, 미국의 점령 하에 영어의 차용이 다시 급속도로 많아지고, 경제의 고도성장과 함께 그 수도 한층 증가한 결과, 오늘날에는 외래어의 90%를 차지하기에 이르렀다. 영어 이외의 외래어의 차용에 있어서는 그 나라의 문화의 모습과 일본과의 관계에 따라 특정 분야에 편중된 경향을 보인다.

2) 외래어의 형태

원어의 발음이 일본어에 정착되어가는 과정에서 표기가 흔들릴 수 있다. 「ティーム」와 「チーム」, 「ウィスキー」와 「ウイスキー」, 「ヴァイオリン」과 「バイオリン」 등, 오늘날에도 병존하고 있다. 또한 「ガラス・グラス, コップ・カップ」 처럼 어원의 차이에 따른 의미의 분화도 보인다. 외국어에서 한자표기를 취하기도 한다. 에도 막부 말기 무렵부터 「背広、瓦斯、倶楽部、混凝、土浪、漫貨、珈琲」 등이 사용되었다.

3) 일본식 외래어

외래어의 사용에 익숙해져서「アフタサービス、セブンスター、ナイトショー、オフィスレディー、テーブルスピーチ」등 일본이 만든 신조어도 생겨났다. 이것을 일본식 외래어라고 부르기도 한다.

4) 외래어의 일본어화

「する」를 사용해서 サ변동사가 되는 경우,「な」를 사용해서 형용동사로 하는 경우가 많지만,「トラブる」,「サボる」와 같이 어미에「る」를 활용해 동사화 하는 것도 있다. 그리고「装束く、化粧ふ、料理る、目論む」처럼 한어에도 있다. 「野次る、だべる、ぱくる」등과 같은 조어법에 의한 것이다.

이러한 용법은 형용사로도 사용되고 있다. 「エロい(エロチック+い＝すけべ)」,「グロい(グロテスク+い＝気持悪い)」등이 있다. 한 때 잠깐 사용하는 경우가 많고, 일본어에 정착하는 예는 많지 않다. (「ナウい」등은 사용되지 않는다)

1.4 혼종어

'혼종어'는 어종의 다른 언어 또는 요소로 구성된 단어를 말한다. 옛날에는 고유일본어와 중국어에 의한 것이 많아「湯桶読み」,「重箱読み」라고 말해지는 것이 여기에 해당한다.

湯桶読み: 見本, 身分, 手本, 場所
重箱読み: 緑組, 格安, 栓抜き

다만, 湯桶読み는 본래 중국어였던 것을 앞 부분만 훈으로 바꾼 경우도 많다.

외래어와의 혼종어에는 고유일본어를 혼합한 「パン焼き、お子様ランチ」, 한어를 혼합한 「抹茶アイス、エックス線」 등이 있다. 이러한 것들의 종류가 최근 증하고 있으며 「トリプル三回転ジャンプ、あんかけチャーハン、えびフライ定食、ねぎ醤油ラーメン」 등 출신이 다른 어종을 한 단어로 혼합한 것도 적지 않다.

2. 문자지도의 실제

· 발음이 같고, 표기의 방법이 다른 것

①「へ」「は」「を」: 조사「へ」「は」「を」의 발음은「え」「わ」「お」
와 같다.
②「じ」와「ぢ」、「ず」와「づ」:
발음상의 차이는 없지만 단어에 따른 표기 방법이 다르다.
「じ」,「ず」로 표기하는 것이 기본으로「じしん(地震)」,「一人ずつ」 등과 같이 되지만, 다음과 같은 경우에는「ぢ」,「づ」가 된다.
· 같은 음의 탁음이 오는 경우 …「つづける(続ける)」「ちぢむ(縮む)」
· 두개의 말이 하나가 되어 만들어진 말 … [はなぢ(鼻血)]

「てづくり(手作り)」

·음과 표기가 일치하지 않는 것

① え단의 장음 : 「映画」「丁寧」등 「-ei」가되는 한자어의 발음은 [e
: ga] [te : ne :] 와 「え」의 장음이 되지만, 「えいが」「ていねい」
와 같이 「い」로 표기된다. 단 「お姉さん」은 [おねえさん]이라고
쓴다.

② お단의 장음 : 「ぼうし(帽子)」「ひこうき(飛行機)」「おとうと(弟)」
와 같이 「お」의 장음은 「う」로 쓴다. 단, 「おおきい(大きい)」「と
おり(通り)」「こおり(氷)」「とおか(十日)」 등 예외가 있다.

2.1 다양한 문자 지도 방법

1) 오십음표

오십음표는 히라가나 혹은 가타카나의 일람표에 해당한다. 표의
문자 순서에 따라 가나의 음을 들으면서 문자를 보며, 자형과 음을
일치시킨다. 일본인에게 친숙한 오십음표는 다음 표와 같이 「あいう
えお」가 오른쪽부터 세로로 나열되어있는 표이지만, 일본어 교육용
의 교재에서는 왼쪽부터 가로로 나열되어있는 것이 많다.

← 段

	w	r	y	m	h	n	t	s	k		
ん	わ	ら	や	ま	は	な	た	さ	か	あ	a
	い	り	い	み	ひ	に	ち	し	き	い	i
	う	る	ゆ	む	ふ	ぬ	つ	す	く	う	u
	え	れ	え	め	へ	ね	て	せ	け	え	e
	を	ろ	よ	も	ほ	の	と	そ	こ	お	o

行 ↓

<그림 3> 오십음표

요음과 탁음을 포함한 표도 있고, 오십음표를 보여주면 일본어의 가나 학습범위를 한눈에 알 수 있다. 음의 배열 순번을 외워 그 순번을 힌트로서 자형과 음을 일치 시키는 것도 가능하다. 나아가 오십음표를 사용한 교수방법에서는 오십음의 나열 순서로 외우는 것도 중요한 요소가 된다. 「あいうえお、かきくけお、…」의 순번, 「あさかたなはまやらわ」의 순번을 기억하는 것은 일본어 사전을 찾을 때에도 도움이 된다.

2) 노래 활동

오십음의 순번을 기억하기 위해서 노래를 이용하는 방법도 있다. 예를 들면 다음의 그림 4와 같은 노래를 사용하면 학습자가 잘 알고 있는 멜로디에 실어 「あいうえお、かきくけこ、…」의 음과 순번을 기억하는데 도움이 될 것이다.

国際交流基金
こくさいこうりゅうききん
『日本語教育通信』46号
にほんごきょういくつうしん　ごう

<그림 4> 「あいうえおはよう」

노래 활동은 학습자의 연령이나 성격에 따라 선호하지 않는 경우도 있고, 노래 취향의 차이도 있기 때문에 학습자의 상태를 보면서 무리 없이 즐길 수 있는 것을 선택하는 것이 중요하다. 각각의 문자음과 자형을 도입하는 활동은 단조롭게 되기 쉬운 면이 있지만, 노래를 사용한 도입은 색다른 신선한 활동이 되어 교실의 활기를 불어넣는 것이 가능할 것이다.

세계의 다양한 일본어 교육의 현장에서는 클래식, 록, 랩, 민족음악을 이용하거나 독자적인 곡을 만드는 등 학습자에게 익숙한 음악을 이용하여 「あいうえお」를 연습하는 여러 방법이 있다. 여러분의 학습자는 어떤 타입이 좋을지 생각해 보도록 하자.

3) 문자 카드

히라가나, 가타카나의 도입에서 한 장에 한 문자씩 가나가 쓰여 있는 문자 카드를 사용하는 방법도 있다. 교사가 학습자에게 카드를 이용하여 자형을 보여주면서, 음을 들려준다. 그림 5의 a와 같이 뒷면이 음을 나타내는 힌트가 되는 로마자로 되어있거나, b나 c와 같이 쓰는 순서 혹은 쓰는 방법의 주의를 표시하거나, 크기등도 다양하게 있다. 시판되는 문자 카드도 있지만 교사가 연구하여 수업 목적에 맞춰 문자 카드를 만드는 것도 가능하다. 자형을 보고 음을 알 수 있도록 하는 것이 첫 번째 목적이지만 교실의 크기나 '쓰기' 학습으로 발전시키느냐에 따라서 어떠한 카드를 쓰는 게 좋은지 판단하도록 하자.

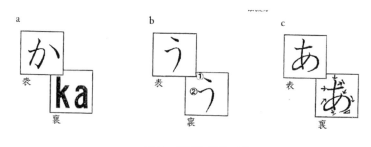

<그림 5> 다양한 문자 카드

4) 연상법 (어소시에이션법)

연상법은 히라가나, 가타카나의 글자를 음, 자형, 그림의 이미지 등에 따라 연상수법을 이용하여 단시간에 외울 수 있도록 고안한 기억술이다. 학습자의 모국어 단어로 어두에 그 문자에 가까운 발음을 갖는 것을 그림으로 학습자에게 제시한다. 그림은 다음의 예와 같이, 일본어 문자를 겹쳐서 쓰여 있거나 그림으로부터 음과 자형을 연상되는 것에 따라 인상 깊게 외우는 것이 가능하여 학습자의 기억을 도와준다.

영어 : 『HIRAGANA in 48 Minutes』(Curriculum Corporation) (호주)
한국어 : 『중학교 생활일본어』(대한교과서)
태국어 : 『絵と音で楽しく覚えようひらがなカード』(The Japan Foundation, Bangkok)

<그림 6> 다양한 언어로의 연상법에 따른 「く」

5) 선 잇기

「あいうえお…」의 순서로 선을 그어봅시다.

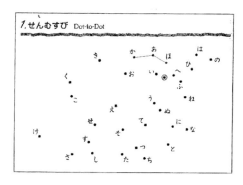

『JAPANESE FOR YOUNG PEOPLE Ⅰ
Kana Workbook』
(講談社インターナショナル) p.18 より

※ 解答は解答・解説編を参照

<그림 7> 선 잇기

오십음의 순번을 알고 각 순번 음에 맞는 자형을 읽을 수 있게 하는 것이 이 연습의 목적이다. 혹시 아직 오십음도의 순번을 확실히 기억하지 못하는 경우는 오십음표를 보면서 진행해도 좋다. 완성하였을 때에 그림이 나오는 장치가 있으면 학습자가 활동을 즐겁게 하는 요소가 늘어난다.

6) 카드를 사용한 게임

음과 자형을 대응시키는 연습에는 '음을 듣고 그 음과 일치하는 가나를 고르기', '문자를 보고 발음하기'의 방법이 있다.

「あ」부터 [ん]까지 46 장의 가나 카드를, 오른쪽 그림과 같이 문자면을 위로해서 뿔뿔이 나열한다. 자형과 음을 일치시키는 「읽기」 연습으로 어떤 활동이 가능할까?

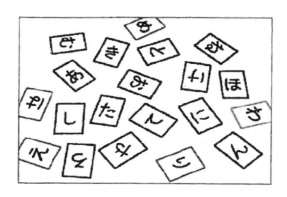

<그림 8> 카드 고르기 게임

「かるたとり」의 방법으로 교사가 하나의 가나음을 발음하여 학습자는 그 음에 맞는 문자 카드를 고른다. 하나의 음(예를 들어 「か」)을 말해서 한 장의 문자카드를 고르는 방법도 있지만 두 개 이상의 문자를 말해서 (예를 들어 「か」「さ」) 그 음의 문자 카드를 학습자가 고른 뒤, 그 의미를 그림 등으로 교사가 제시해 단어 학습을 하는 활동으로 이어가는 것도 가능하다.

7) 문자 맞추기 카드

그림 9의 카드는 가장 아래 종이에 문자를 써, 그 위에 종이 일부를 오려낸 종이를 2~3장 겹친 것이다. 그림과 같이 위의 종이를 한 장씩 넘기면 점점 보이는 부분이 커져 문자 전체가 보이게 된다. 이 카드를 사용하면 어떤 연습 효과가 있을까?

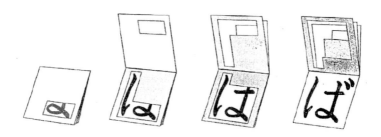

<그림 9> 문자 맞추기 카드

8) 연습 시트

다음의 연습 시트 A~C는 어떠한 특징이 있는가.

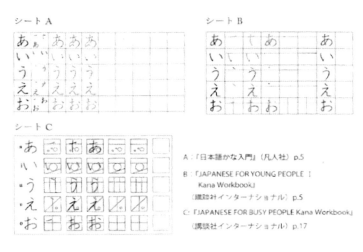

<그림 10> 가나 연습 시트

모든 시트는 쓰는 순서에 주의를 기울여 견본을 보며 똑같이 여러 번 쓰도록 고안되었다. 시트 A, B는 문자가 옅은 색으로 쓰여 있고, 선 위를 따라서 쓰는 '따라 쓰기'가 가능하게 된다. 또 시트 B, C에는 문자를 가지런히 쓰기 위하여 보조선이 있다. 시트 B에서는 쓰는 시작 위치를 점으로 표시하며, 시트 C에서는 문자 사이에 원 등을 넣어 공간을 표시해 가지런한 형태로 쓸 수 있도록 고안되어 있다.

9) 낱말찾기

표 안에서 1~8의 단어를 찾아 예시와 같이 ⬭로 묶어보라.

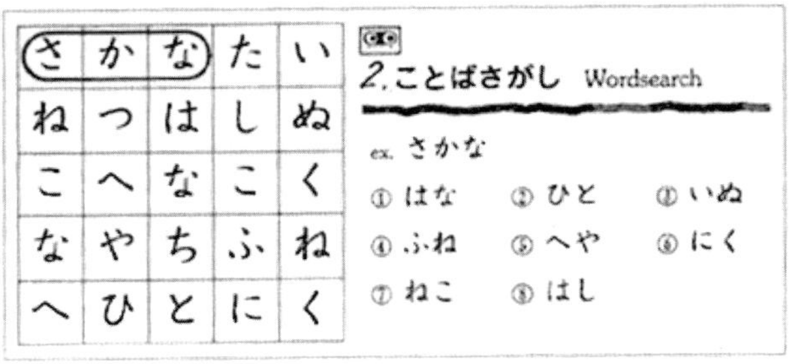

『JAPANESE FOR YOUNG PEOPLE Ⅰ Kana Workbook』(講談社インターナショナル) p.18

<그림 11> 단어 묶기

이 연습은 단어 리스트를 보며, 그 단어가 테두리 안 어디에 있을
지 찾는 것이다. 리스트를 보지 않고 교사가 발음해 듣고 학습자가
그 단어를 찾는 방법도 가능하다. 단어의 의미를 몰라도 가능하지만
그 경우, 1~8의 의미를 그림이나 모국어로 표시해두어 어휘 학습으
로 발전시키는 것이 가능하다.

다음은 히라가나, 가타카나 필순을 참고로 실어둔다.

3. 히라가나 가타카나 필순 익히기

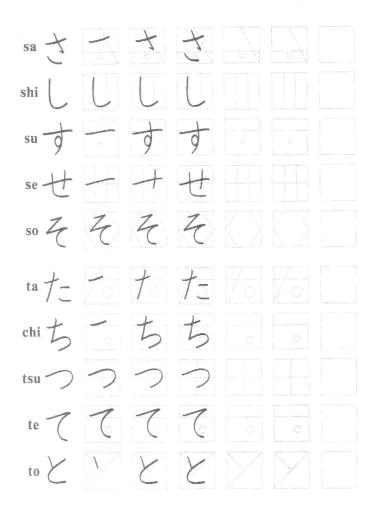

na な ー ナ な

ni に l に に

nu ぬ ＼ ぬ ぬ

ne ね l ね ね

no の の の の

ha は l に は

hi ひ ひ ひ ひ

fu ふ 丶 ふ ふ

he へ へ へ へ

ho ほ l に ほ

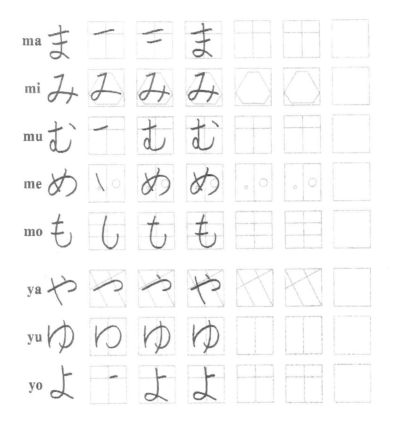

ma ま
mi み
mu む
me め
mo も
ya や
yu ゆ
yo よ

ra	ら	`	ら	ら			
ri	り	l	り	り			
ru	る	る	る	る			
re	れ	l	れ	れ			
ro	ろ	ろ	ろ	ろ			
wa	わ	l	わ	わ			
o	を	一	を	を			
n	ん	ん	ん	ん			

kya	きゃ			
kyu	きゅ			
kyo	きょ			
gya	ぎゃ			
gyu	ぎゅ			
gyo	ぎょ			
sha	しゃ			
shu	しゅ			
sho	しょ			
ja	じゃ			
ju	じゅ			
jo	じょ			

きゃ		
きゅ		
きょ		
しゃ		
しゅ		
しょ		

cha	ちゃ				
chu	ちゅ				
cho	ちょ				
nya	にゃ				
nyu	にゅ				
nyo	にょ				
hya	ひゃ				
hyu	ひゅ				
hyo	ひょ				
bya	びゃ				
byu	びゅ				
byo	びょ				
pya	ぴゃ				
pyu	ぴゅ				
pyo	ぴょ				

ちゃ		
ちゅ		
ちょ		
にゃ		
にゅ		
にょ		
ひゃ		
ひゅ		

mya	み や				
myu	み ゆ				
myo	み よ				
rya	り や				
ryu	り ゆ				
ryo	り よ				

ひ		
よ		
み		
や		
み		
ゆ		
み		
よ		
り		
や		
り		
ゆ		
り		
よ		

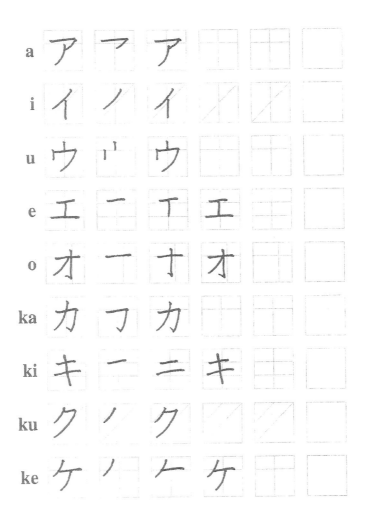

to	ト	丨	ト			
na	ナ	一	ナ			
ni	ニ	二	ニ			
nu	ヌ	フ	ヌ			
ne	ネ	丶	ㅈ	ネ	ネ	
no	ノ	ノ				
ha	ハ	ノ	ハ			
hi	ヒ	ﾄ	ヒ			
fu	フ	フ				
he	ヘ	ヘ				

ho	ホ	一	十	疒	ホ
ma	マ	フ	マ		
mi	ミ	ヽ	ミ	ミ	
mu	ム	レ	ム		
me	メ	ノ	メ		
mo	モ	二	モ		
ya	ヤ	フ	ヤ		
yu	ユ	フ	ユ		
yo	ヨ	フ	ヨ	ヨ	
ra	ラ	一	ラ		

ri	リ	リ	リ			
ru	ル	ノ	ル			
re	レ	レ				
ro	ロ	ロ	ロ			
wa	ワ	ワ	ワ			
o	ヲ	ニ	ヲ			
n	ン	ン	ン			

4. 한자 지도

4.1 한자의 기초

1) 한자의 성립

한자는 중국인이 자국어를 표기하기 위해 만든 문자로 한민족이 오랜 기간에 걸쳐 만들어 낸 것이다. 오늘날 쓰이고 있는 한자의 기본은 갑골문자이다. 갑골문자는 3 천년 전에 은(殷)나라 시대에 쓰였던 문자로 거북이 등껍질이나 동물뼈에 새긴 그림 문자이다.

갑골문자 이외에 금문이나 전문(篆文), 예서(隷書) 등의 변천과정을 지나 한(漢)나라 시대에 초서체가 생겼으며, 육조시대에 해서(楷書)가 발달 되었으며, 해서는 예서의 일부로 취급하였다. 한나라 시대에 이르러서 자체가 고정되어 해서와 초서체가 널리 사용되게 되었다. 이들 자체는 일본에 전래되어 초서체는 일본의 히라가나(平仮名)의 자원(字源)이 되었다.

한자는 자형(字形)·자의(字意)·자음(字音)으로 이루어졌으므로 조어렵이 강하다. 그리하여 한자의 수는 증가하여 후한시대의『설문해자(說文解字)』(허신(許愼)이 지은 책으로 총 15 券의 540 部, 9353 字가 수록되어 있으며 당시대의『광운(広韻)』에 26194 자, 청나라 시대의『강희자전(康熙字典)』에 47035 자가 수록되어 있다.

2) 한자의 구성

후한시대 허신(許愼)의 『설문해자(說文解字)』의 한자의 구성은 6종류로 나누고 이것을 육서(六書)라고 한다. 육서는 한자의 구성법 4종 '상형(象形), 지사(指事), 회의(会意), 형성(形声)'과 한자의 용법 2종 '전주(転注), 가차(仮借)'로 나누어 설명한다.

허신의 『설문해자(說文解字)』에 나오는 육서의 정의를 보면 다음과 같다.

·상형(象形)

「曰象形, 象形者, 画成其物, 随体語, 日月是也」로 정의하고 있다.

사물의 모양을 본떠서 그린 그림문자다.

예를 들면 日, 月, 人, 川, 目, 耳, 山, 鳥 등이다.

·지사(指事)

「曰指事, 指事者, 視而可職, 察而見意, 上下是也」로 정의하고 있다.

사물을 어떠한 형태나 모양으로 나타내기 힘든 것을 점이나 선으로 나타낸 것을 말한다. 예를 들면 一, 二, 三, 上, 下 등이다

상형문자는 실제의 모습을 그림으로 그린 것이고, 지사문자는 그린 선이나 점을 보고 추상적인 개념을 아는 것이다.

・형성(形声)

「曰形声, 形声者, 以事為名, 取譬相成, 江河是也」라고 정의하고 있다.

의미를 나타내는 부분(意符)과 발음을 표시하는 한자(音符)를 결합하여 만든 것이다. 한자의 90%가 이 형성문자로 이루어져 있다.

『설문해자(說文解字)』의 9353 字 중에서 80%가 넘는 7700 字 정도가 형성문자이다.

江(氵+工) : 「氵」는 의미부고, 「工」는 소리부다.

河(氵+可) : 「氵」는 의미부고, 「可」는 소리부다.

晴(日+靑) : 「日」는 의미부고, 「靑」는 소리부다.

問(口+門) : 「口」는 의미부고, 「門」는 소리부다.

・회의(会意)

「曰会意, 会意者, 比類合誼, 以見指, 武信是也」라고 정의하고 있다.

지사문자(指事文字)나 상형문자(象形文字)를 결합하여 새로운 의미를 나타내는 문자이다. 즉, 하나의 한자가 두 개의 의미를 나타내는 것이다.

武(戈+止) : '싸운다'는 의미의 「戈」와 '멈춘다'는 「止」의 결합으로 용맹이라는 의미가 된 것이다.

信(亻+言) : 사람의 말은 진실해야 한다는 의미에서 진실이라는 의
　　　　　미가 되었다.

明(日+月) : 해와 달이 있어 밝다는 의미가 된 것이다.

岩(山+石) : 산에 있는 돌은 바위이다.

森(木+林) : 나무가 수풀을 이루는 삼림을 말한다.

鳴(口+鳥) : '새가 울다, 지저귀다'라는 의미이다.

・전주(転注)

「曰転注, 転注者, 建類一首, 同意相受, 考老是也」

한자 본래의 의미에서 바뀌어 다른 의미로 사용되게 된 것을 말
한다.

「楽」 : 원래는 「音楽」의 의미지만, '즐겁다'는 의미로 전용되었다.

「令」 : '명령'의 의미로 쓰이기도 하고 「長官」의 의미로도 쓰인다.

결론적으로 전주문자는 하나의 한자에 두 가지의 의미를 나타낸
것이라고 할 수 있다.

・가차 (仮借)

「曰仮借, 仮借者本無其字, 依声託事, 令長是也」

본래의 의미를 나타내는 한자가 없으므로 동음(同音)의 한자를

빌려 나타낸 것이다. 의미와 관계없이 발음만을 빌려서 다른 의미로 쓰이는 것을 말한다.

예를 들면, 「令」은 「命令」의 의미의 「県令」(중국의 현의 장관)의 의미로도 쓰인다. 「長」도 '길다'라는 의미에서 「長官」의 '어른장'의 의미로도 쓰인다.

「豆」는 음식을 담는 그릇이지만 콩이라는 의미의 글자와 음이 같다고 해서 '콩'을 나타내게 되었다. 고대 중국의 인명 지명 등을 표기할 때 가차 문자를 사용하였다. 「석가(釋迦)」, 「인도(印度)」 등이다. 만요가나도 이 방법에 의한 것이다.

3) 한자의 구조

한자는 좌우상하 등의 구조로 이루어져 있다. 한자사전(漢字字典) 등에서 한자를 분류하여 같은 그룹으로 정리되어 있는데 이것을 부수(部首)라고 한다.

부수는 약 200 개 이상이 있다. 크게 7 종류로 분류할 수 있다.

· **변(へん)**

亻(にんべん) : 作, 信, 休

氵(さんずいへん) : 池, 海, 洋

言(ごんべん) : 計, 話, 投, 読, 認, 謝, 論, 詳, 語, 護, 誤, 課, 談, 詞

彳(ぎょうにんべん) ： 往, 後

阝(こざとべん) ： 限, 陽

王(おうへん) ： 球, 現

ネ(しめすへん) ： 神, 社

冫(にすいへん) ： 冷, 凍

土(つちへん) ： 地, 陽, 均

忄(りっしんべん) ： 快, 情

扌(てへん) ： 技, 投, 持

衤(ころもへん) ： 補, 被, 複

口(くちへん) ： 味, 吟

등

· **변(つくり)**

刂(りっとう) ： 列, 別, 剖, 副

力(ちから) ： 動, 助, 勧, 勉

寸(すん) ： 対, 射

彡(さんづくり) ： 形

阝(おおざと) ： 郷, 部, 郡

攵(あぶん,ぼくにょう) ： 改, 教, 放

欠(あくび, かける) ： 次, 歌

頁(おおがい) : 頭, 顔, 額, 頬, 項, 顎

등

・윗머리(かんむりかしら)

宀(うかんむり) : 安, 守, 字, 宇, 宙, 官, 宗, 室, 家, 宮, 密, 寒, 富

艹(くさかんむり) : 草, 葉

耂(おいかんむり, おいがしら) : 老, 考

癶(はつがしら) : 発, 登

穴(あなかんむり) : 究, 空

罒(あみがしら) : 罪, 置

雨(あめがしら) : 雪, 雲

등

・밑(あし)

儿(ひとあし, にんきょう) : 元, 先

灬(れんが, れっか) : 点, 熱

皿(さら) : 皿, 盆, 益

小(したごころ) : 恭, 慕

등

・엄(たれ)

厂(がんだれ) : 厚原

广(まだれ) : 広低店

疒(やまいだれ) : 病痛

尸(しかばね) : 局屋

등

・받침(にょう)

辶(しんにょう, しんにゅう) : 近, 進, 達, 周, 返

廴(えんにょう) : 建, 延

走(そうにょう) : 起

등

・몸(かまえ)

冂(どうがまえ) : 円, 再, 冊, 雨

勹(つつみがまえ) : 包

匚(かじゅしがまえ) : 医, 区

囗(くちがまえ) : 回, 図, 国, 園, 固, 因, 団, 困

弋(しきがまえ) : 式

气(きがまえ) : 気, 汽

行(ぎょうがまえ) : 術, 衛, 街

門(もんがまえ) : 問, 開, 閉, 閣, 間
등

4.2 일본어와 한자

1) 일본어 한자읽기

(1) 음독

음독은 중국음을 일본어음으로 읽는 방법을 말한다. 이때 중국음은 오음(吳音), 한음(漢音), 당음(唐音) 등이다.

· 오음(吳音)

① 4세기 말에서 6세기에 걸쳐 한반도를 걸쳐서 전해진 한자음(漢子音)이다.

② 남방강남음(南方江南音)이다.

중국의 육조시대에 정치, 문화의 중심은 양자강하류(양자강하류)의 오지방 (吳地方)이었기 때문에 그 지방의 음이 전해져 왔던 것이다.

③ 「오음(吳音)」은 주로 승려에 의해 전해졌기 때문에 불교에 관한 용어가 많 다. 오음(吳音) 자체가 옛 한자음을 순차적으로 받아들여 성립한 중층적 (中層的)인 것이다.

-例- 経文 金色 世間 正体 人間
　　 きょうもん こんじき せけん しょうたい にんげん

·한음(漢音)

① 7·8세기 이후 중국 수(隋)에서 당대(唐代)에 걸쳐서 견당사
나 유학생, 유 학승려들에 의해 전해진 한음이다.

② 북방장안음(北方長安音)이다.

황하유역 장안부근음(長安付近音)으로 중국 표준어의 발음이
다. 일본에서 헤이안시대(平安時代)에는 이 「한음(漢音)」이
표준음으로 인정되었다.

③ 오음(吳音)은 승려에 의한 불교에 관한 용어인 것에 비해, 한
음(漢音)은 유 학(儒学)관계 등의 한적(漢籍)에서는 한음(漢音)
이 사용되었다. 먼저 오음 (吳音)이 일본에 들어와 정착되었
으나, 후에 한음(漢音)이 점차 일반적으로 사용되었다. 그리
하여 한 한자에 한음(漢音)과 오음(吳音)이 공존하여 정착 되
었다.

-例-　経書　文章　金銀　近世　正確　日本人
(きょうしょ)(ぶんしょう)(きんぎん)(きんせい)(せいかく)(にほんじん)

·당음(唐音)

① 헤이안(平安) 중기에서 가마쿠라·무로마치(鎌倉·室町)시대
를 거쳐 에도 (江戸)시대까지, 선승(禪僧)이나 상인 등이 일
본과 중국을 왕래하면서 송·원·명·청(宋·元·明·淸) 등
의 한자음을 전했다. 당인(唐人: 당시 중국 인)이 사용한 한

자음이라는 의미에서 당음(唐音)이라고 한다.

오음(吳音)과 한음(漢音)이 정착한 후에 들어왔기 때문에 현재 당음(唐音) 으로 읽는 한자는 적으며「당음(唐音)」의 유입이 큰 흐름은 아니었다.

-例- 行脚<ruby>あんぎゃ</ruby> 甲板<ruby>かんばん</ruby> 饅頭<ruby>まんじゅう</ruby> 普請<ruby>ふしん</ruby>

관용음(慣用音)은 일본에 들어온 후 한자음이 변화하여 일반화된 일본의 독특한 한자음이다.

(2) 훈독

한자의 의미에 대응하는 일본어로 읽는 방법이다. 훈독의 한자는 고유일본어(和語)다.

-例- 長<ruby>なが</ruby>い 眺<ruby>なが</ruby>める 流<ruby>なが</ruby>れる 水<ruby>みず</ruby> 男<ruby>おとこ</ruby> 木<ruby>き</ruby>

한자의 훈독에서 한 단어의 내부에서 일부는 음독으로 일부는 훈독으로 읽는 방법을「重箱読み」라 한다. 훈독과 음독 순으로 읽는 방법은「湯桶読み」라 한다.

「重箱<ruby>じゅうばこ</ruby>読<ruby>よ</ruby>み」: 番組<ruby>ばんぐみ</ruby> 気持<ruby>きも</ruby>ち 新芽<ruby>しんめ</ruby> 工場<ruby>こうば</ruby>

「湯桶<ruby>ゆとう</ruby>読<ruby>よ</ruby>み」: 相性<ruby>あいしょう</ruby> 場所<ruby>ばしょ</ruby> 湯加減<ruby>ゆかげん</ruby> 掛<ruby>か</ruby>け算<ruby>ざん</ruby>

이러한 일본어의 한자음의 특징에서 일본어는 층별전승(層別承) 혹은 중층적(中層的)인 언어라고 한다. 음성언어가 문자언어보다 먼저 존재했었는데, 일본에 한자가 들어오고 한자를 읽을 때 음성언어를 대응시켜 읽게 된 것이다.

한자의 의미가 일본어에 대응하는 단어가 없는 경우에는 같은 훈을 쓰거나 만들었다. 예를 들면 「温(あたた)かい」, 「暖(あたた)かい」 등이며, 「長(なが)い」를 기본으로 해서 동사로 만들어 「眺(なが)める」를 「眺」로 대응시켰으며, 「流」에 대응시켜 「流(なが)れる」를 만든 것이다.

고유일본어의 특징은 자연현상에 관한 단어가 많다는 것을 들 수 있다. 이것은 일본의 사상이 반영된 것이라 할 수 있겠다. 한국에서는 의리(義理)를 중시하는 민족이고, 일본은 자연을 사랑하는 민족이다. 한국이나 중국은 양자택일의 사상이고, 양자택일의 사상은 책임이나 의리를 중시하게 된다. 일본의 양자공존의 사상은 경우에 따라 양자를 다 사용하는 것이므로 자연을 사랑한다. 자연의 흐름으로 인간도 자연의 일부분으로 생각한다. 그리하여 한국은 「理」를 사랑하는 민족이고, 일본은 「気」를 사랑하는 민족이라고 할 수 있다. 이런 사상이 언어에도 반영된 것이다.

(3) 숙자훈(熟字訓)

훈독으로 읽는 경우 한자 한 자(字)에만 국한된 것이 아니라, 두 자 이상 한자의 숙어(熟語)에 하나의 훈(訓)으로 읽는 경우가 있다. 이것을 숙자훈(熟字訓)이라고 한다.

초등학교에서 배우는 숙자훈(熟字訓)을 보면 다음과 같다.

あす	おとな	かわら	きのう	きょう	くだもの	けしき	ことし
明日	大人	河原	昨日	今日	果物	景色	今年

しみず	じょうず	たなばた	ついたち	てつだ	とけい	ともだち	はかせ
清水	上手	七夕	一日	手伝う	時計	友達	博士

はつか	ひとり	ふたり	ふつか	へた	へや	まいご	ま さお
二十日	一人	二人	二日	下手	部屋	迷子	真っ青

ま か	めがね	やおや	か あ	とう	にい
真っ赤	眼鏡	八百屋	お母さん	お父さん	兄さん

ねえ	いなか	うなばら	あずき	あま
姉さん	田舎	海原	小豆	海女	등

2) 일본어의 한자교육

일본의 초등학교에서 배우는 한자를 '교육한자(教育漢字)'라고 한다.

일본의 교육한자(教育漢字)는 1006 字(1990년 4월)가 있다. 966 字에 일본제 한자(国字)를 첨가하여 1006 字이다. 일본에서는 교육한자는 완벽하게 읽고 쓸 수 있도록 교육한다. 교육한자는 대부분 일상생활에서 사용 빈도수가 높고 사용범위가 넓은 한자들이다.

1 학년 80 字, 2 학년 160 字, 3 학년 200 字, 4 학년 200 字, 5 학년 185 字, 6 학년 181 字.

일본의 상용한자는 1945 字다. 교육한자(敎育漢字) 1006 字에 중학교에서 939 字를 더 가르쳐 전부 1945 字다. (한국의 상용한자(常用漢子)는 1800 字, 중국은 2500 字) JLS한자 第1 수준: 2965 字, 第2 수준: 3390 字, 第3 수준: 1259 字, 第4 수준: 2436 字. 총 10050 字.

일본어의 한자의 효과적인 학습을 위해서는 한자가 어떻게 만들어졌는지 구성 원리를 이해하고 학습이 시작되어야 한다. 한자는 표의(表意), 표어(標語) 문자로서 자형(字形), 자음(子音), 자의(字意)로 이루어진 시각적인 문자다. 그러므로 조어력이 강하다. 특히 자형(字形)으로 만들어진 한자가 상형문자이며, 자형(字形) 속에는 한자의 본의(本意)가 담겨있다. 자형(自形)의 시각적인 방법으로 한자의 자의(字意)를 습득하게 한다. 자형(字形) 패턴에서의 부수(部首)는 한자 전체의 자형(字形)을 인지(認知)할 수 있다. 자형(字形)과 의미에서는 상형문자, 지사문자, 회의문자 등, 자원(字源) 설명, 자의(字意)에서 중심의(中心義)와 파생의(派生義)를 교육한다. 자형(字形)과 자음(字音)과의 관련에서는 자음(子音)은 형성문자(形成文字)의 음부(音符)를 인식시킨다.

低(저/てい)가 형성문자(形成文字)의 음부(音符)로 나머지 「低」(저/てい), 「底」(저/てい), 「抵」(저/てい)라고 읽는다. 「反」(판/はん)의 음부(音符)에서 「板」(판/はん), 「販」(판/はん), 「飯」(반/はん)등이다.

그리고 동음(同音)의 한자, 동훈(同訓)의 한자 등의 일본한자음의 특징을 교육한다.

자음(子音)과 자의(字意)와 관련해서 「底」(흙 밑에-字를 표시한 지사문자(指事文字)) 「底」(키가 작은 사람. 넓고 낮은 것을 나타냄) 「底」(건물 아래 속), 「抵」(간격 없이 닿아서 꼼짝 못하는 것) 등 자의(字意)의 상위점(相違点)을 교육한다.

5. 한자 필순 익히기

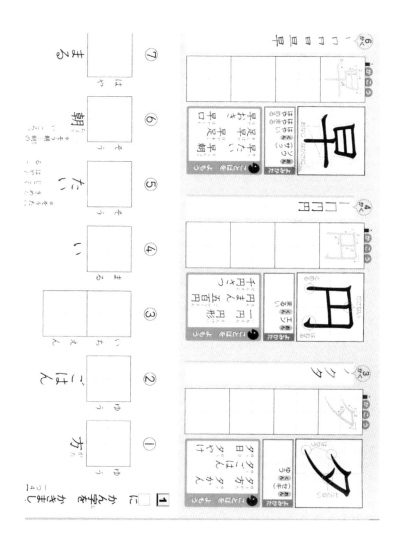

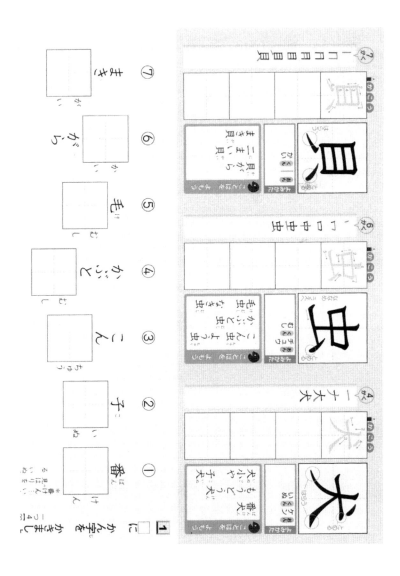

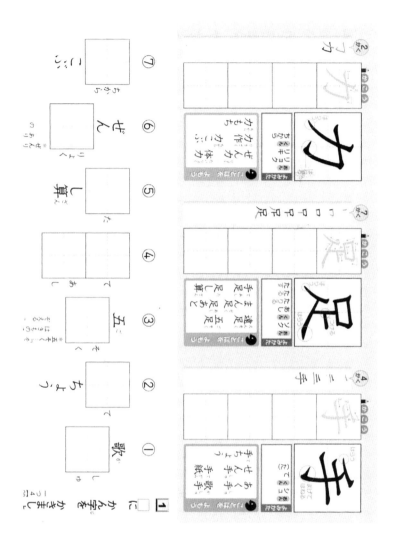

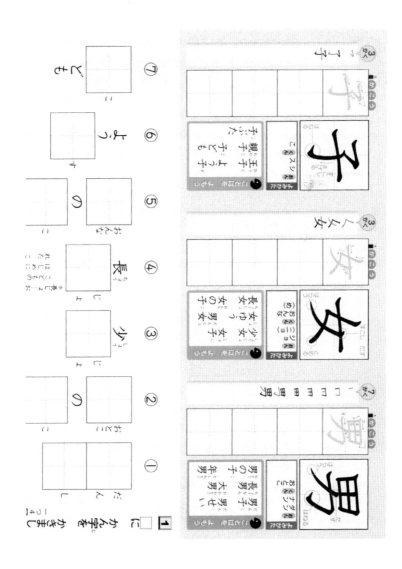

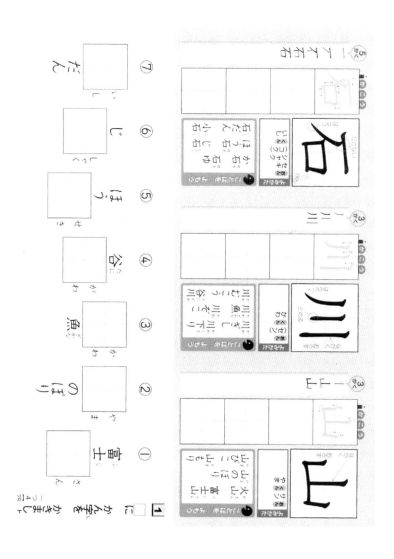

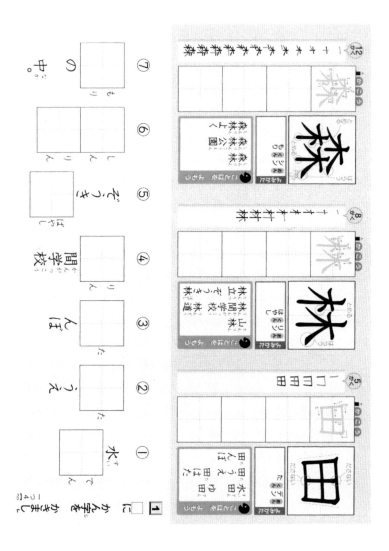

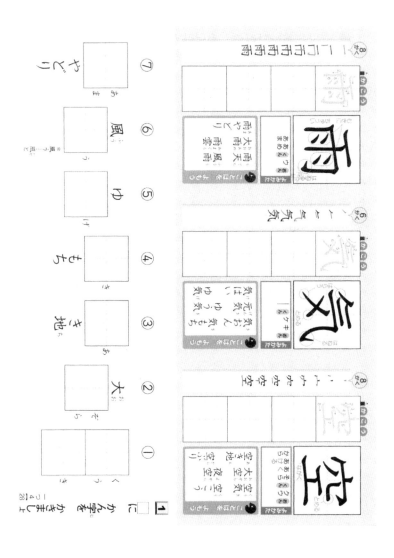

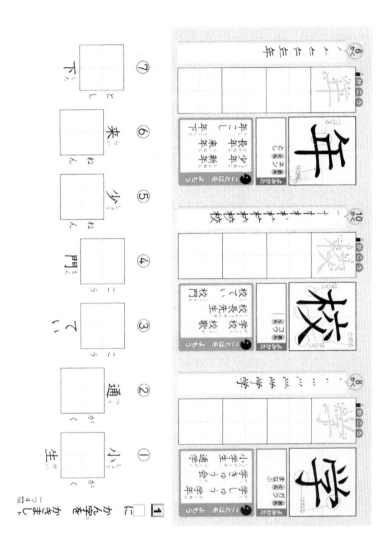

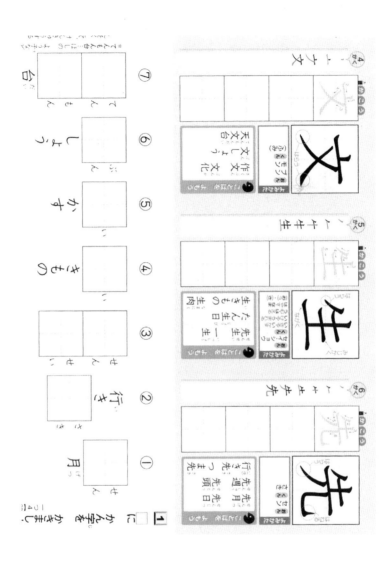

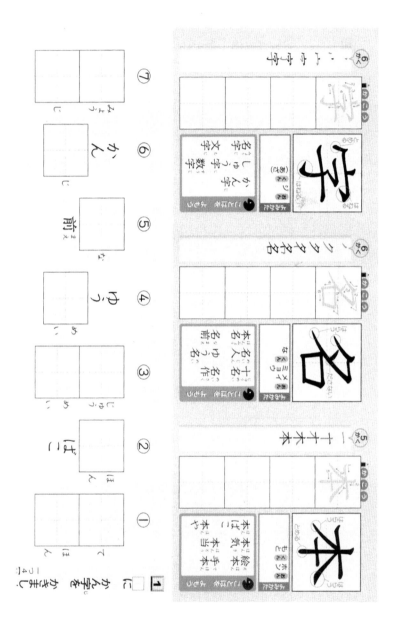

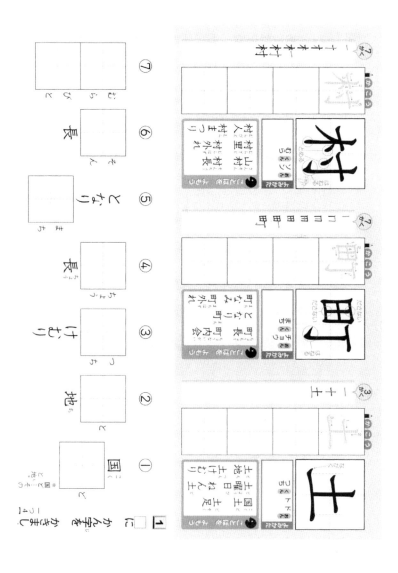

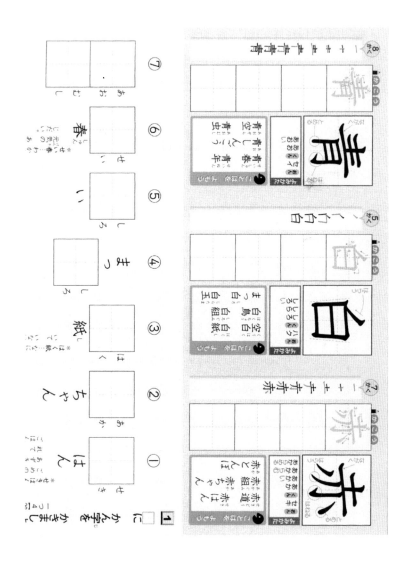

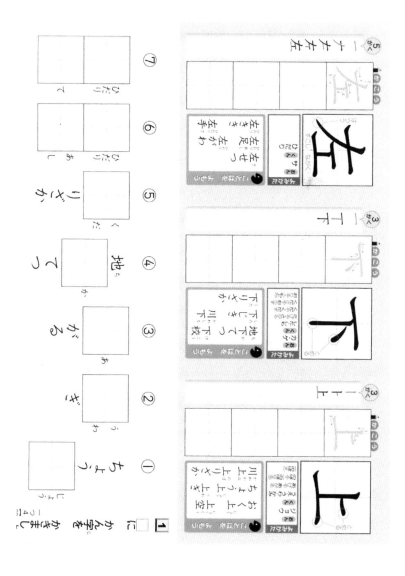

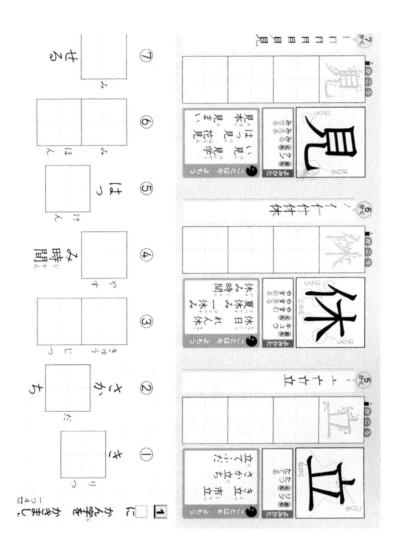

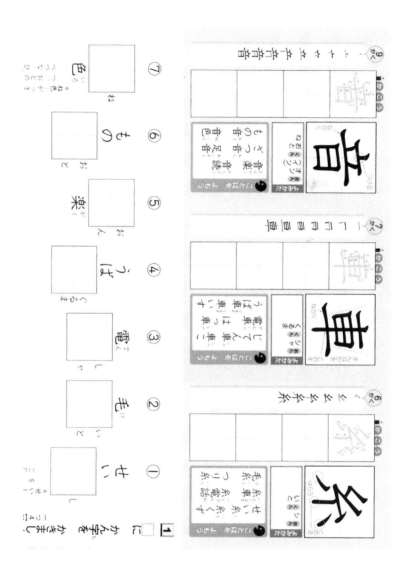

제3장 회화 및 독해지도

1. 소통능력

회화교육은 소통능력의 교육인데 이를 위해서는 우선 소통능력이란 무엇인가를 알아야 한다.

소통능력이란 언어적 능력, 언어 운용의 능력, 교섭기술로 구성된다. 언어적 능력에는 문법, 어휘, 담화구성의 지식이 필요하다. 문법 지식이란 바른 문장을 만들고 상대의 문장을 제대로 이해하는 지식을 말하며 어휘 지식이란 적절한 어휘를 사용할 수 있는 지식이며, 담화구성의 지식이란 논리적이고 합리적인 이야기를 구성할 수 있는 지식을 말한다.

언어운용의 능력은 이해능력, 발음 능력, 조작능력, 선택능력, 비언어적 능력을 포함한다. 이해능력이란 상대의 대화를 듣고 발화의도를 이해하고 상대의 심리를 이해하는 능력을 말한다. 발음 능력이란 올바르게 발음을 하고 발화의도를 상대에게 적절히 전달하는 음성적 능력을 말한다. 조작능력이란 발화의도를 전달하는 적절한 문장을 만들 수 있는 능력을 말한다. 선택능력이란 상황이나 화제에 맞는 적절한 말투를 쓰는 능력을 말하며 비언어적 능력이란 비언어적 메시지 즉 표정, 자세, 시선, 상대와의 거리, 목소리 등으로 발신

되는 메시지를 적절히 이해하고 발신하는 능력을 말한다.

교섭기술이란 조정능력, 설득능력을 말하는데 조정능력이란 상대의 태도와 주장에 대응하여 대화의 내용을 조정하는 능력을 말하며 설득능력이란 상대에게 자신의 주장을 이해시키고 수용하게 하는 능력을 말한다.

회화는 상대가 존재해야만 성립되는 것으로 학습자가 아무리 발신능력을 높여도 커뮤니케이션이 성립되지 않는다. 상대의 입장과 발화의도를 이해하고 상대가 받아들일 수 있는 논리로 대화를 진행하는 것이 중요하다. 이러한 이유로 최근의 외국어 교육에서는 언어만이 아니라 상대의 심리와 태도, 입장을 배려해서 의지 소통을 높이는 훈련을 교육내용에 담기도 한다.

2. 초급의 회화 지도

대화는 어떤 장면에서 일어날 회화의 일부이며 대화 지도는 어떤 장면에서 필요한 문법과 어휘를 지도하는 것이다. 동시에 등장인물의 인간관계, 지위, 입장에 따라 어떤 대화를 나눌 것인지도 지도에 포함된다.

대화지도는 단계별로 듣기연습, 발음연습, 역할별 연습으로 나뉜다.

2.1 듣기 연습

듣기 능력은 언어능력 중 가장 기본적인 능력이라 할 수 있다. 바르게 들어야만 바르게 발음할 수 있기 때문이다. 상대의 말을 알아들을 수 없으면 커뮤니케이션에 참여할 수 없다. 따라서 대화지도에서도 충분한 듣기연습을 진행한 후 대화의 구성을 이해하고 그다음에 발음연습으로 진행한다.

듣기 연습은 교재에 포함된 CD나 인터넷 음원을 다운받아 들으면서 혼자서 스스로 할 수도 있지만 단지 흘려듣는 것만으로는 학습의 효과가 없다. 목적을 가지고 듣는 연습이 필요하다. 듣기 연습에는 여러 방법이 있지만 연습 목적을 다음과 같이 단계적으로 전개하기도 한다.

1) 유추하면서 듣기

초급을 끝낸 학습자의 경우 내용을 유추하며 듣는 연습을 한다. 교재를 보지 않고 대화를 들으면서 전체의 대의를 이해하는 연습이다. 수업시작에서 과의 목적을 이해하고 대화의 방향을 파악한 상태이므로 교재를 보지 않고도 어느 정도 내용은 이해하고 있으므로 배우지 않은 부분의 대화를 듣고 내용을 유추하는 훈련은 외국어 학습에 있어 가장 실천적 훈련이라 할 수 있다.

2) 내용을 확인하면서 듣기

유추하면서 듣기 연습을 한 다음에는 대화를 들으면서 그 뜻을 이해하는 연습을 한다. 교재를 보면서 듣고 어휘의 뜻과 전체의 의미를 확인한다. 교수자가 읽으면서 확인할 경우 학습자가 의미를 확인할 시간을 고려하여 문장과 문장 사이의 시간을 길게 가져야 한다. 왜냐하면 음성과 의미를 결부시키고 대화 전체의 의미를 확인하는 과정이므로 학습자가 충분히 이해할 때까지 계속해서 반복한다.

3) 음성적 특징을 확인하면서 듣기

대화의 내용을 어느 정도 파악한 뒤에는 음성적 특징 즉, 악센트 촉음, 장음, 포즈의 위치 등을 확인한다. 음성적 특징에 주의하면서 듣기 때문에 교재를 볼 필요는 없다. 이 연습을 통해 대화의 음성적 특징을 파악해 두면 뒤에서 행할 발음연습에도 도움이 된다. 교수자가 일본어모국어화자일 경우는 평소의 자연스러운 스피드로 발음하고 여러 번 반복해서 들려주는 것이 효과적이다. 비모국어 교수자는 CD 등을 이용하여 음성적 특징을 학습자와 확인하면서 들려주는 것이 효과적이다.

4) 인간관계를 확인하면서 듣기

의미와 음성적 특징을 이해한 다음에는 대화에 등장하는 인간관계를 생각하면서 듣는다. 이 단계에서는 교재의 CD 등을 이용하는 것이 효과적이다.

듣기 연습은 일본어의 음성적 특징에 익숙해지고 교수자나 교재에 첨부된 CD 등의 음을 모방하는 과정이므로 이를 위해서는 여러 번 반복하는 것이 효과적이라 할 수 있다.

2.2 발음 연습

듣기 연습을 충분히 한 뒤에는 발음연습으로 들어간다. 교재에 따라 교수법이 다양하지만 초급회화에서는 일반적으로 대화문의 전후에 신출어휘가 제시되어 있다. 그러므로 먼저 신출어휘의 발음을 연습한 뒤 회화문의 연습으로 들어간다. 기본적으로는 교수자가 발음을 모델로 제시한 뒤 학습자가 모방하여 발음하고 이를 반복하면서 발음을 교정해 간다. 오디오 링갈 교수법에서는 발음연습을 통해 대화의 통암기를 권장하지만 최근에는 통암기보다는 발음교정이 주된 목적으로 변하고 있다.

1) 신출어휘의 발음연습

교재를 이용한 발음연습에서는 교수자가 신출단어의 모델 발음을 제시하고 학습자가 이를 따라서 발음한다. 이 과정을 반복하여 발음을 교정하고 학습자의 발음이 교수자에게 인정될 때까지 개선된 후에 다음 단어로 넘어간다. 학습자가 2명 이상인 반에서는 합창연습을 하고 뒤에 개별 연습을 한다. 10명이상의 반에서는 시간이 걸리므로 합창연습을 중심으로 진행하고 어려운 발음만 개별연습을 한다. 다만 발음에 자신이 없는 학습자가 있을 때에는 개별연습 전에 합창연습을 충분히 하는 것이 효과적이다.

2) 회화문의 발음연습

신출어휘의 발음연습이 끝난 다음에는 회화문의 연습으로 들어간다. 일본어의 음절은 거의 같은 길이로 발음하는 것이 특징이고 회화문의 긴 문장을 균등한 길이로 말하게 하는 지도가 필요하다. 긴 회화문을 교수자를 따라 복창하는 것은 특히 초급학습자에게는 어려운 일이므로 빌드업(build-up)과 같은 훈련법으로 복창연습을 하는 것도 효과적이다. 빌드업 연습법은 긴 문장의 후미부터 조금씩 복창연습을 하여 최종적으로는 문장 전체를 연습하는 방법이다.

발음연습에서 중요한 것은 어디까지 교정을 하는가이다. 오디오 링갈 교수법에서는 모국어화자와 비슷한 정확성이 요구되는데 그 이유는 발음은 초급단계에서 철저히 교정해야만 나쁜 습관이 생기지 않는다는 이념에서이다. 그러나 정확성은 서서히 정착되는 것이라는 의견과 음성 습득 능력이 낮은 학습자에게 철저히 교정을 지도하면 오히려 학습의욕을 저하시키므로 학습자의 능력에 맞게 탄력적으로 발음교정을 해야 한다는 견해도 있다.

따라서 발음교정은 학습자의 능력에 따라 도달목표를 정하는 것이 가장 합리적인데 처음에는 일본인이 듣고 발화의도를 알 수 있을 정도로 정한다. 올바른 모델을 여러 번 접하면 발음은 점차 자기개선으로 이어지므로 무엇보다 학습자의 자신감을 저하시키는 교정이 되지 않도록 교수자는 유의해야한다.

발음연습과 함께 유창하게 말하는 연습도 병행한다. 외국인이 모국어화자와 대화를 할 때 외국인이 그 언어를 틀리게 말해도 모국어화자는 무엇을 말하려는지 유추할 수 있어 커뮤니케이션은 지장이 없다. 그러나 외국인이 천천히 말하거나 띄엄띄엄 혹은 반복해서 말을 많이 하면 모국어화자는 대화를 이어갈 동기가 없어진다. 따라서 교수자는 학습자의 대화문을 유창하게 향상시킬 책임이 있다고 할 수 있다.

유창함의 연습방법으로는 교수자의 모델 발음에 따라 학습자가 따라하는 반복연습이며 이 단계에서는 어휘의 연습보다 회화문만을 반복 연습한다.

3) 역할별 연습

회화문의 마지막 연습단계는 학습자에게 대화의 등장인물을 배당하여 대화문을 자연스럽게 말하는 연습이다. 이 과정에서도 교수자는 모델 발음을 제시하여 학습자에게 복창하게 한다. 암기할 필요는 없으며 교수자가 제1 발화자의 역할을 맡고 학습자가 제2 발화자의 역할을 맡아 연습을 한다. 교수자는 학습자가 맡은 역할의 발화도 모델 발음을 제시하는데 교수자의 목소리는 조금 약하게 해서 학습자의 복창 부분을 강조한다. 두 명의 학습자에게 역할을 맡길 때에는 교수자가 각각의 문장을 작은 소리로 제시하고 학습자가 따라하게 한다. 또한 학습자에게는 각각의 역할에 어울리게 말하도록 지시하여 발음과 유창함이 어느 정도 레벨에 도달하도록 지도한다.

이와 같은 대화의 연습은 학습자가 학습한 어휘, 문법, 표현이 그 과에서 제시한 학습목표를 달성하는 기초가 된다. 그러나 그 과에서 설정한 장면에서만 회화가 가능하고 응용의 범위도 비슷한 상황에만 한정된 단점이 있다. 그러므로 학습한 문법과 어휘를 다른 상황에서도 사용할 수 있는 훈련이 필요하다 할 수 있다.

3. 중급 및 상급의 회화 지도

중급 이상의 회화에서는 어휘나 표현의 고도화 이외에도 의견을 말하고 상대를 설득하는 프레젠테이션 기술과 교섭의 기술이 지도 대상이다. 사용하는 교재 또한 대화중심이거나 과제해결 중심 등 다양하지만 어떤 교재이건 학습자의 자유선택에 따른 롤 플레이, 시나리오 플레이 등 자기표현 훈련이거나 시뮬레이션, 프로젝트 과제 등 사회에서 언어사용을 체험할 수 있는 조사나 보고의 훈련이어야 한다. 따라서 중급이상의 회화에서는 다음과 같이 지도 목표를 설정한다.

(1) 어휘와 표현의 적절한 사용

대화의 화제에 적절한 어휘와 표현을 사용하도록 지도한다. 학습자가 유아적인 표현을 사용해도 문법적으로 틀리지만 않으면 지나치기 쉽다. 그러나 더 나은 레벨로 향상할 수 있는 기회이므로 교수자의 적극적인 지도가 필요하다.

(2) 대우표현의 적절한 사용

중급 이상의 레벨에서는 일본인 모국어화자는 초급레벨보다 일본적인 언어행동과 비언어 행동을 기대한다. 따라서 상황과 상대에 따라 존경어, 겸양어, 정중어 등을 적절히 사용할 수 있는 훈련을 롤플레이와 시나리오 플레이 등을 통해 충분한 연습을 해야 한다.

(3) 일본 식 대화의 진행

언어는 각각의 문화에 기반을 둔 대화의 진행 방식이 있다. 따라서 어떤 언어의 모국어화자와 원활한 커뮤니케이션을 하기 위해서는 그 언어에 맞는 대화의 진행 방식을 익혀야 한다. 일본인과 일본어로 의사소통을 하기 위해서는 일본 식 대화의 진행 방법이나 논리구성을 학습할 필요가 있다. 특히 중급이상이 되면 일상회화부터 교섭이나 정보수집, 거래를 포함한 커뮤니케이션 기술도 학습의 대상이 되므로 단순한 언어 능력만으로는 충분하다고 할 수 없다.

일본에서는 교섭내용과는 직접 관계가 없는 날씨 이야기, 공통된 친구의 소식 등이 이야기 전개의 분위기를 형성하는데 공헌한다. 거절을 말로 명시하지 않더라도 표정이나 태도로 알게 하는 방법은 국제적인 교섭방법은 아니다. 그러나 일본인은 실제로 이러한 태도를 보이므로 이에 익숙해지지 않으면 사회에 도움이 되는 일본어 능력을 익힐 수 없다. 이러한 점을 학습자에게 숙지시키고 대화법을 지도하는 것 또한 교수자의 역할이다.

3.1 듣기 연습

중급 이상의 레벨에서 듣기는 일본어교육을 위한 교과서 보다는 가능한 TV 드라마, 뉴스 등 실물교재를 사용을 권장한다. 중급이상의 학습자는 사회에서 사용되는 언어에 관심이 높으므로 실제로 사용되는 실물교재를 사용하면 학습동기가 한층 강화되기 때문이다.

실물교재는 듣기 연습을 통해 듣기 훈련만이 아니라 현재 일본 사회에서 사용되는 어휘와 용법을 익히고 풍부한 표현을 배울 수 있다. 아울러 일본식 대화진행과 일본 사정도 학습할 수 있다.

예를 들어 일본식 대화 방식 중에는 맞장구가 대화를 진행하는데 큰 역할을 하는데 드라마나 토크 프로를 통해 이를 자연스럽게 학습할 수 있다. 일본인에 비해 한국인 학습자는 맞장구 비율이 낮으므로 일본인이 대화 시 발화자의 이야기를 잘 듣고 있는지 혹은 잘 이해했는지 불안감을 느낀다는 조사 결과도 있다. 따라서 교수자는 실물교재를 통해 맞장구 등 언어행동과 끄덕임, 웃음 등의 비 언어행동을 지도할 필요가 있다.

3.2 시뮬레이션 연습

시뮬레이션 연습에는 다양한 방법이 있지만 기본적으로는 현재 일본에서 일어난 문제를 소재로 일본어를 연습하는 방법이다. 찬반토론 연습, 역할극 등이 있다. 시뮬레이션 연습은 학습자가 자주적으로 배울 기회가 많고 실천적 능력을 키우는데 도움이 되지만 준비 단계부터 실제 토론이나 역할극을 실행할 때까지 상당한 시간이 걸리므로 시간적 여유가 있는 중급이상의 학습자에게 한정되기도 한다.

예) 찬반 토론 (高見澤孟1996)

> 토론 테마 : 자위대의 해외파병은 타당한가.
> 그룹 A : 찬성
> 그룹 B : 반대
> 준비작업 : (1) 각각의 주장에 대한 타당성을 뒷받침할 자료 준비
>   (2) 주장할 내용을 문서로 정리
> 토론 : 각 그룹의 대표가 의견을 말한 뒤 토론을 진행

위의 작업을 통해 얻을 수 있는 능력은 정보수집 능력의 향상, 문안작성과 논리구성의 능력, 정보제공 능력 등이다. 먼저 다른 사람의 의견을 듣거나 문헌조사를 통해 일본어로 된 정보수집 훈련이 가능하다. 다음으로 조사를 통해 얻은 정보를 정리하고 발표할 의견을 정리하는 과정을 통해 문안 작성과 논리를 구성하는 능력을 훈련할 수 있다. 마지막으로 토론을 통해 의견을 발표하고 논의하는 과정을 통해 정보제공 능력을 훈련할 수 있다.

3.3 드라마 지도

영화나 드라마는 듣기 연습과 함께 일본인의 대화 스타일, 흐름, 구어체 등을 배울 수 있는 좋은 실물교재이다. 소재에 따라서는 인간관계에 따른 대우표현, 입장에 따른 비언어적 메시지를 배울 수 있다. 드라마를 교재로 선택할 경우 드라마의 어떤 부분을 중요하게 볼 것인지는 학습자의 수요와 학습단계 따라 다르다. 드라마는 분명 흥미롭고 재미있는 교재이지만 확실한 목표와 이를 달성하기 위한 수업계획을 세우지 않으면 줄거리를 아는 것으로 끝나버리고 교육효과를 볼 수 없는 경우도 있다.

드라마는 짧게 30분, 길게는 2시간이 넘는 경우도 있으므로 이를 교재로 할 경우 교육적으로 필요한 부분만을 취하여 사용하는 것이 효과적이다. 언어기능을 집중적으로 훈련하기 위해서는 여러 드라마의 같은 장면을 모아 수업에 적용하는 것도 한 방법이다.

예) 드라마 수업 (高見澤孟1996)

1단계	교수자가 드라마의 내용을 설명한다.(학습 목표 설정)
2단계	드라마 중 한 단락을 본다.(학습내용의 확인)
3단계	대사를 1개씩 들려주고 모르는 부분을 질문하게 한다.(대사내용의 확인)
4단계	3단계의 방법으로 드라마의 일부분 내용 전부를 확인한 후 다시 한 번 그 부분을 본다. (드라마의 흐름을 확인)
5단계	스토리 전개를 요약 시킨다.(요약 연습)
6단계	학습한 부분을 설명이나 느낀 점을 말하게 한다. (학습내용을 객관적으로 보고하는 연습)
7단계	대사의 중요 어구에 대한 용법 연습을 한다.(신규학습항목의 연습)

高見澤孟(1996)의 드라마 연습법은 대사의 듣기와 의미의 이해, 요약, 용법 연습 순서로 학습하므로 중급 입문기에 도입하면 효과적이다.

4. 다양한 독해지도

일본어 교육에서 독해지도는 크게 구조주의적 지도법, 인지주의적 지도법, 구성주의적 지도법으로 나뉜다.

구조주의적 지도법에서 독해는 교재를 구성하는 문자와 어휘, 문형을 기반으로 읽는 것이라는 이념에 기반을 둔다. 그래서 교재를 읽는 시점까지 어휘와 문형의 의미 및 사용법을 파악했거나 응용패턴을 이해했는지를 확인하고 이를 기반으로 저자의 의도와 주장을 이해하는 순서로 진행된다. 구조주의적 지도법에서는 저자의 의도와 주장뿐만 아니라 문형, 어휘, 한자 등 언어적 요소의 지도 중요시 한다.

인지주의적 지도법은 학습을 인간 내부에서 일어나는 정보처리과정으로 파악한다. 따라서 독해는 문자, 어휘, 문형 등의 요소나 표현의 이해뿐만 아니라 학습자가 가진 지식(선행지식)을 교재에 투영시켜 이해하는 것이므로 문법의 문형과 어법은 거의 다루지 않고 독해에만 집중한다.

구성주의적 지도법은 학습을 학습자가 스스로 문제를 발견하고 해결감으로써 지식을 구축해가는 과정으로 보고 있으며 공동체 속에서 상호작용으로 이루어지는 것으로 본다. 따라서 교수자가 주도권을 가지고 전개해가는 '교육'이 아니라 학습자가 중심인 '학습'이라는 점에서 구조주의적 지도법과 인지주의적 지도법과는 관점이 다르다.

위의 세 가지 독해 교수법은 학습자의 목적과 동기, 능력에 따라 교수자가 구분해서 적용하는 것이 중요하다. 교수자 주도의 구조주의적 독해 지도법은 학습 포인트를 효율적으로 전달할 수 있는 장점이 있다. 대학에서 학습자의 주체성을 중요시한 교실활동이라면 구성주의적 지도법이 이상적일 것이다. 근래에는 주체적이고 능동적인 학습이 권장되고 있고 협동에 의한 독해(피어리딩) 의 유효성도 인정되고 있다.

5. 독해 교육을 위한 교실 활동

읽기에는 전체내용의 대의를 파악하는 읽기(속독)와, 단어 하나하나를 꼼꼼하게 읽어 내려가 문자-단어-구-문장의 과정을 거치는 읽기(정독)가 있다. 이 두 가지 읽기를 통해 인간의 읽기 활동이 깊어진다. 읽기 능력을 높이기 위해서는 한쪽에 편중되지 않고 균형 있게 이루어져야한다.

5.1. 속독

상급이 되면 많은 문헌을 가능한 빨리 읽는 능력이 요구되며 다독은 쓰기 기술에도 도움이 된다. 다독을 위해서는 속독이 필요한데 듣기교육과 마찬가지로 '스캐닝'과 '스키밍'의 기술이다. 필요한 정보를 가능한 빨리 얻기 위해 관계없는 곳은 뛰어넘고 다음을 예상하고, 모르는 부분은 앞뒤문장에서 유추하면서 읽어 간다.

[속독을 이용한 독해지도 예]

대상학생: 중급 후반기 상급학생
분량 :1회 5~10분 정도 읽을 수 있는 분량
진행 방법 : 독해 문제 배부
　　　　　→ 읽으면서 해답부분에 선을 긋도록 지시
　　　　　→ 교사는 시간을 재면서 묵독이 끝나면 손을 들도록 지시
　　　　　　하고 학생들에게 속독시간을 인식시킨다.
　　　　　→ 묵독 후에는 구두로 내용을 확인시키고 각 질문에 대해
　　　　　　문 답 형식으로 확인한다.
　　　　　→ 독해 후에는 감상이나 의견을 서로 말하게 하고 요약문
　　　　　　이나 의견을 쓰게 한다.

5.2 피어 리딩

피어 리딩은 최근 주목받는 교실활동으로서 학습자끼리 배우게
하는 협동학습이다. 학습자끼리 서로 보완하면서 정보를 제공하는
학습이 성과를 보인다는 입장에 기반을 둔 학습활동이다.

피어 리딩은 각각 다른 문장을 읽고 내용을 그룹에서 공유하는
'직소리딩'과 같은 문장을 읽고 각각의 독해법의 차이를 검토하는
'프로세스 리딩'이 있다.

직소리딩은 신문기사나 소설을 소재로 그룹 수만큼 내용을 나누
어서 분담하여 읽은 뒤 그 내용을 각자가 설명하고 통합해서 이야기
를 완성한다. 이 과정을 거치면서 학습자는 서로 협력하는 의의와
호혜성, 대등성을 실감하는 효과가 있다.

프로세스 리딩은 학습자가 짝이 되어 같은 문장을 확인하면서 읽
는 학습활동으로 서로의 어휘, 문법 읽기 능력을 배워가는 효과가
있다.

제4장 수준과 기능별 지도

1. 학습 단계별 도달 목표

학습자의 도달 목표가 다르면 단계도 개별적으로 설정해야 하지만 실제 교육현장에서는 객관적인 기준에서 학습자의 어학능력을 초급, 중급, 상급의 3단계로 분류한다.

일본어 능력의 객관적인 지표로서 '일본어 능력시험'이 있으며 2010년부터 연2회 실시하며 일본어 능력을 N1~N5 로 나누어 합격자를 설정한다. N5, N4가 초급, N3,N2가 중급, N1이 상급이다. 이같이 객관적인 형태로 도달 목표를 제시함으로써 학습자의 목적의식을 명확히 할 수 있다.

N5, N4 : 교실에서 배운 일본어가 이해되는 레벨
N3 : 중간단계
N2, N1 : 실생활에서 일본어가 이해되는 레벨

국제교류기금의 '일본어 능력시험'의 기준은 읽기와 듣기로 목표를 설정하는데 구체적으로 살펴보면 다음과 같다.

・N1 : 폭넓은 장면에서 사용되는 일본어를 이해할 수 있다.

- 읽기 : 신문의 사설, 평론 등 논리적이고 복잡한 문장과 추상도가 높은 문장을 읽고 문장의 구성과 내용을 이해할 수 있다. 다양한 화제의 내용의 깊이 있는 독서를 통해 이야기의 흐름과 상세한 표현의 의도를 이해할 수 있다.

  - 듣기 : 폭넓은 장면에서 자연스러운 속도로 정리된 회화나 뉴스, 강의를 듣고 이야기의 흐름이나 내용, 등장인물의 관계나 논리구성 등을 상세히 이해하거나 요지를 파악 할 수 있다.

・N2 : 일상적인 장면에서 사용되는 일본어의 이해와 함께 보다 폭넓은 장면에서 사용되는 일본어를 어느 정도 이해할 수 있다.

- 읽기 : 신문이나 잡지의 기사, 해설, 평이한 논설 등 요지가 명쾌한 문장을 읽고 내용을 이해할 수 있다. 일반적인 화제에 관한 기사를 읽고 이야기의 흐름이나 표현의도를 이해할 수 있다.

- 듣기 : 일상적인 장면, 폭넓은 장면에서 자연에 가까운 속도로 정리된 회화나 뉴스를 듣고 이야기의 흐름과 내용, 등장인물의 관계를 이해하거나 요지를 파악할 수 있다.

・N3 : 일상적인 장면에서 사용되는 일본어를 어느 정도 이해할 수 있다.

- 읽기 : 일상적인 화제의 구체적인 내용을 표현한 문장을 읽고 이해할 수 있다. 신문의 제목에서 정보의 요지를 파악할 수 있다. 일상적인 장면에서 눈으로 접하는 범위의 난이도가 조금 높은 문장은 교체표현이 주어지면 요지를 이해할 수 있다.

- 듣기 : 일상적인 장면에서 조금 자연에 가까운 속도의 내용을 듣고 이야기의 구체적인 내용을 등장인물의 관계에 비추어 거의 이해할 수 있다.

· N4 : 구체적인 일본어를 이해할 수 있다.
- 읽기 : 기본적인 어휘나 한자로 이루어진 일상생활의 주변적 화제의 문장을 읽고 이해할 수 있다.
- 듣기 : 일상적인 장면에서 조금 천천히 말해지는 회화는 내용을 거의 이해할 수 있다.

· N5 : 기본적인 일본어를 어느 정도 이해할 수 있다.
- 읽기 : 히라가나, 가타카나, 일상생활에서 사용되는 기본적인 한자로 구성된 전형적인 어구나 문장을 읽고 이해할 수 있다.
- 듣기 : 교실, 신변 등 일상생활에서 자주 접하는 장면에서 천천히 말해지는 짧은 회화라면 필요한 정보를 알아들을 수 있다.

2. 수준별 지도

2.1 초급의 지도 내용

초급은 학습시간 300 시간 정도를 말한다. 일본에서는 일본어로 수업하는 직접법이 사용되지만 한국에서는 비모국어화자의 교수자에 의해 수업활동이 이루어진다. 한국인 교수자는 학습자로서의 경험을 살려 학생의 입장을 이해할 수 있는 이점이 있다. 또한 학습자

중심에서 문법 설명이 가능한 장점이 있다.

초급의 지도 여하에 따라 상급을 목표로 하거나 학습을 단념하는 학습자도 나오므로 교사는 학생의 입장에 서서 교수활동을 해야 한다.

1) 수업의 흐름

초급에서는 말하기, 듣기를 중심으로 교실활동이 전개되고 히라가나, 가타카나의 학습이 어느 정도 진행되면 읽기와 쓰기 지도가 도입되어야 한다.

1. 그림카드나 실물을 사용하여 어휘, 문법사항을 도입한 후 구두 문형연습(패턴 연습)으로 언어형식을 정확하게 익히기 위한 연습을 실시한다.
2. 문형을 포함한 모델 회화를 연습하고 마지막에 구체적인 장면에서의 운용능력을 높이기 위해 실제 장면이나 역할을 설정한 시나리오 플레이, 롤플레이를 한다.

2) 초급의 문법사항

① 동사활용 : 동사의 기본현응 ㄱu로 끝나지만 1류 동사의 어미는 う・く・ぐ・す・つ・ぬ・ぶ・む・る의 9종류이고, 2류 동사는 iる、eる의 2종류이다. 어미를 보고 동사의 종류를 구분할 수 있다. 단 1류 동사 중 iru, eru 어미가 있는 동사가 있으므로 주의시켜야 한다.

예) 知る　切る　入る　要る　帰る　ける　減る　すべる

1류 동사의 て형 활용 만드는 법에 주의해야 한다.

② 형용사 활용형에는 2 종류가 있고 학교문법에서의 형용사는 i
형용사, 형용동사는 na형용사라 한다.

③ 동사, 형용사의 정중체와 보통체

④ 문형은 술어와 격관계를 중심으로 도입해야한다.

N１はN２です。

NはAです。

NはVます

N1はN2をVます。

＜場所＞にNがあります。/＜場所＞にNがいます。

＜場所＞でVます

Vませんか/Vましょう

Vてください。

Vないでください。

Vています。

Vてもいいです。

Vてはいけません。

Vようと思います。

Vさせてください。

Vなければなりません。/Vなければいけません。

2.2 중급의 지도 내용

초급이 끝나 상급으로 도달하기 전까지의 단계이다. 그러나 레벨 차이는 크다. 중급에서는 자세한 문법사항이나 정확한 발음 지도가 아닌 커뮤니케이션의 흐름이나 담화의 전개가 유창해지는 것은 목표로 삼아야 한다.

중급에서는 말하기, 듣기 중심에서 쓰기 읽기에 중점을 두어야 한다. 또한 '문어(文語)'로 전환 할 수 있어야 한다. 구어도 대우표현의 운용능력을 시작으로 상호교섭능력을 익힐 수 있도록 해야 한다. 사전을 찾는 습관을 들이도록하고, 기존의 지식에서 미지의 지식을 유추할 능력을 배양하고 상호 행동 속에서 언어행동이 되도록 지도해야 한다.

1) 수업의 흐름

중급 용 교재는 정독용 교재가 대부분이며 수업에서도 정독을 중심으로 한 것이 많다. 본문을 교사가 범독하고 학습자가 음독, 묵독하는 방법이 있는데 이에 대한 비판도 있지만 학습자를 음독시킴으로써 학습자의 이해도를 알 수 있는 이점이 있다.

단락마다 문장의 내용을 요약, 질문을 통해 어휘와 문법사항을 확인한다.

지시어, 접속사, 부사 등에 주목하여 진행한다. 문형 설명을 문맥 속에서 이해시키는 것이 중요하다. 독해 후에는 문장전체를 요약시키거나 감상, 의견을 말하게 하거나 쓰도록 하여 4기능을 종합한 교실 활동으로 발전시키는 것이 좋다.

상급의 전단계로서 본문과 관련 있는 실제교재(모국어화자를 대상으로 한 신문, 잡지, 서적, 방송 등의 언어자료)를 사용하여 그 대의를 파악하거나 필요한 정보를 얻을 수 있는 연습도 된다. '신문을 읽었다'라는 성취감을 느끼도록 하여 학습의욕을 높일 수 있다.

2) 표현문형

중급이후의 구문과 문형은 '표현문형'이라고 한다. 표현문형에는 조사와 동사가 결합되어 하나의 조사와 같은 역할을 하는 조사상당연어, 문말에 붙어 추량, 전문, 의지 등 화자의 기분과 태도를 표현하는 무드표현이 있다. 접속형식이 정해져 있거나 전후 문장의 종류를 제약하기 때문에 이러한 점도 정리해서 지도해야 한다.

판단의 입장을 나타냄 : にとって、～として
기점 : ～を初め、～からして
시점, 장소 : ～にあたって、～において、～最中に
동작의 대상 : に対して、～に関して、～をめぐって
기준 : ～を中心として、～をもとにして
원인, 이유 : ～おかげで、～だけあって
역접, 양보 : たとて～ても、～からとって
시간적 방향성 : ～次第、～たとたん
추량 : ～に違いない、～おそれがある
불가능, 곤란 : ～かねる、～わにけはいかない
강제 : ～ざるをえない、～ずにはいられない
진행 : ～つつある、～一方だ

3) 어휘의 지도

중급에서는 어휘의 확장이 중요한 목표이다. 초급에서는 1500어 정도 학습하지만 중급에서는 6000어 정도의 학습이 목표로 초급의 배 이상을 학습해야 한다.

일본어의 어휘는 일본 고유어, 한어, 외래어에 이들이 혼합된 혼종어가 있다. 의미는 같아도 지시대상이나 사용법이 다르다.

女・女性・ウーマン、たび・旅行

宿屋(저렴한 간이 숙박시설) 旅館(일본식)・ホテル(서양식)、

取り消し(약속이나 발언을 철회)・解約(계약을 파기)・キャンセル (호텔, 티켓의 예약을 취소)

따라서 각각의 어종에 따른 사용 구분을 이해시키기 위해서는 적절한 장면과 예문을 준비해야 한다. 일본 고유어보다 한어가 반드시 어려운 것은 아니며(예 全然・さっぱり) 표기법이나 어종과는 무관하며 지금까지 학습자가 무엇을 배웠는지에 따라 달라진다.

한자권 학습자에게는 한자표기와 일본어의 의미적 차이에 주의해야한다. 예를 들어 팔방미인(八方美人)은 한국에서는 다재다능한 사람을 의미하지만 일본어로는 누구에게나 잘 보이려 하는 사람의 의미로 비난할 때 많이 쓰인다. 또한

중급레벨에서는 유의어의 사용 구분할 수 있는 능력을 배양해야 한다.

예) 抱く 【だく・いだく】 : 子供をだく、友だちの肩をだく(구체적 사물이 대상)

夢をいだく、不安をいだく (추상적 내용이 대상)

かなり・だいぶ : 病気がかなりよくなった(쾌차를 향해 나아지고 있다)

病気がだいぶよくなった(이전과 비교해 나아졌다.)

きれいだ・美しい : きれいだ(회화체)

冷蔵庫の中のものをきれいに食べた(전부, 남김없이)

美しい(문어체)

すぐ・さっそく : 家をでるとすぐ雨が降った(자연적현상)

名前を読んだら犬がすぐ飛んできた(인간이외의 행위)

さっそく調査します(의식적 행동),

ゆっくり・のろのろ : のろのろが 마이너스적 가치를 가진다.

이와 같이 유의어를 설명할 때는 어법, 문체, 가치관의 관점에서 지도해야한다.

2.3 상급의 지도 내용

상급은 모국어화자의 일본어 능력에 가까운 언어능력을 높이는 것이 도달 목표다.

교재는 구어에는 방송 뉴스, 강연, 드라마, 영화가, 문어에는 신문, 잡지, 소설, 에세이로 모국어화자가 일상에서 접하는 살아있는 교재를 사용하는 것이 대부분이다. 따라서 교사는 학습자의 요구에 맞추어 교재를 선택하고 교재화 할 수 있는 능력이 요구된다. [쓰기]능력에서도 작문을 뛰어넘어 리포터나 소논문, 논문을 써야할 필요성이 있는 학습자가 나오기 때문에 문장의 구성이나 전개방법까지 포함한 상당히 높은 레벨의 작문지도가 요구된다. 커뮤니케이션 능력을 기르는 연습방법으로 시나리오 플레이, 롤플레이, 디베이트, 토론, 프레젠테이션을 택한다. 이 단계에서는 4기능을 종합적으로 학습하는 형태로 활동이 이루어질 수 있으므로 교실 내에서 유사장면을 설정하여 과제를 수행하는 시뮬레이션, 협력으로 완성하는 프로젝트워크가 효과적이다.

1) 시뮬레이션

시뮬레이션이란 실제 사회에서 일어나고 있는 것을 소재로 그 상황을 재현하거나 모방하여 과제를 수행하는 교실활동을 말한다. 과제를 수행하는 과정에서 필요한 언어의 운용능력을 익히는 것이 목표이다.

(예 : 그린벨트 해제와 이를 반대하는 주민으로 토론)

2) 프로젝트 워크

프로젝트 워크란 학습자가 협력하여 하나의 프로젝트를 실시하는 교실활동이다. 프로젝트를 실시하기 위해서는 교실 안에서 뿐만 아니라 교실 밖으로 활동범위를 넓히는 특징이 있다.

(예 : 교실 신문 만들기)

과제 달성형 교실활동은 큰 효과를 발휘하지만 시간이 많이 걸리며 코스 디자인에 시간적 여유가 있어야한다. 또 장시간 학습자의 자유의지로 진행되므로 학습자의 흥미를 충분히 끌만한 테마를 정해야한다. 따라서 활동을 시행하기 전에 충분한 학습자의 요구 조사와 철저한 준비가 중요하다. 시행중에는 학습자가 활동 방향에 혼란을 느끼거나 방향을 잃어버렸을 때의 쾌도수정 등 교사의 적절한 지도가 필요하다.

3. 기능별 지도

일본어 교육의 구체적인 지도를 4기능별로 살펴본다.

3.1 '말하기' 지도

1) 발음 연습

발음은 초급단계에서 철저히 익히지 않으면 중급이상이 되었을 때 고정되어버리는 의견과 처음부터 모국어화자에 버금가는 발음을 요구하면 학습자에게 필요이상으로 긴박감을 주어 역효과라는 의견이 있다. 따라서 학습자의 커뮤니케이션 수행을 위해 발음지도는 중요하다는 인식을 가지고 학습자의 심리적 부담을 고려하여 모국어화자가 들어서 이해할 정도의 발음을 목표로 해야 할 것이다.

기본적인 방법은 수업시작에 5분정도 발음연습 시간을 가지고 교사의 발음에 따라 복창하는 방법이다. 표준 일본어는 박을 단위로

고저 악센트로 발음되므로 3박 평판형(なまえ、しごと、こちら), 3
박 두고형(カメラ、テニス、げんき) 4박 중고형(せんせい、コー
ヒー、たべます)등 박과 악센트 형이 공통된 것을 모아 복창하면 형
태를 인식하기 쉽다.

요음, 발음, 촉음, 장음 등의 특수박은 1박으로 발음되는 것을 인
식시키기 위해 교사는 손뼉을 치거나 칠판을 두드리기도 한다. 또
높이의 차이를 그림으로 칠판에 써 보이거나 자석을 사용하여 시각
적으로 제시하면 효과적이다.

특정음의 발음 연습은 미니멀 페어(최소단위)을 사용하여 집중적
으로 연습한다. 이는 듣기 능력과 연결되므로 듣기연습으로 미니멀
페어를 이용하면 좋다.

한국인은 어중 청음이 탁음을 발음되는 경향이 있으므로 (あたら
しい→あだらしい)청음과 탁음지도에 미니멀 페어를 이용한다.

청음과 탁음 : タイガク(退学)ーだいがく(大学)、てんき(天気)ーでん
き(電気)

ふそく(不足)ーふぞく(付属)、かたい(堅い)ーカダイ
(課題)

단모음과 장모음 : おばさんーおばあさん、おじさんーおじいさん、
すきースキー、着てー聞いて、イマスーイイマス

직음과 요음 : びよういん(美容院)ーびょういん(病院)、キヨウ(器用)
ーキョウ(今日)、しようにん(使用人)ーしょうにん(証
人)、スミ(隅)ーシュミ(趣味)

일본어 리듬은 2문자가 한 뭉치로 발음되는 '2모라 풋' 현상이 있
다. (こん・にち・は)、しゅー・でん・しゃ) 현실적으로는 박보다

음절이 가깝기 때문에 현실적 리듬의 훈련도 병행해야 한다.

2) 구두문형연습(패턴 연습)

구두문형 연습은 오디오 링갈법의 대표적인 연습법으로 기계적인 드릴에 대해서는 비판도 있지만 문형을 정확히 정착시키고, 구두연습을 위해 많은 교과서에서 채택하고 있다. 문형연습에는 다음과 같은 종류가 있다.

① 반복 드릴 : 교사가 제시한 문형을 학습자가 그대로 연습하는 형태. 학습자 여러 명이 복창하는 경우도 있다.
② 문답 드릴 : 교사가 제시한 어구를 사용하여 교사의 질문에 대답하는 연습형태
③ 대입드릴 : 문형의 일부를 교사의 어구에 따라 대입시키는 연습
④ 변형드릴 : 교사가 제시한 것을 사전에 지시한 대로 변형하는 연습

　　T：行きます　S：行きました　T：食べます　S：食べました
⑤ 확장드릴 : 교사의 어구를 이어받아 긴 문장을 말하는 연습

　　T：読みました　　　　S：読みました
　　T：本を　　　　　　　S：本を読みました
　　T：図書館で　　　　　S：図書館で本を読みました

문형연습에서 중요한 점은 교사가 자연스럽고 정확한 발음에 신경 쓰면서 무엇보다 편안한 스피드를 학습자에게 체감시키는 것이다. 정확한 발음이란 아나운서를 기준으로 한 것이 아니며 일본인의

일상적인 발음에 가깝게 알아듣기 쉬운 것이어야 한다. 편안한 스피드로 편안하게 같이 소리 내어 연습함으로써 언어 형식이 기억에 각인된다. 교사는 리듬에 맞추어 어구를 제시하고 문형연습을 즐거운 체험이 되도록 힘써야 한다. 따라서 교과서의 연습을 읽는 것이 아니라 그림, 사진을 이용하여 학습자의 주목을 이끌어야 한다.

이러한 활동은 정확한 언어형식을 학습하는 드릴이며 커뮤니케이션과는 다른 것이다.

3) 소 회화 연습

실제 커뮤니케이션 장면을 이용한 연습으로 문형을 포함한 모델회화를 사용한 소회화 연습이 있다. 모델회화를 칠판이나 카드로 제시하고 일부분을 바꾸어 연습한다. 칠판에 판서한 경우에는 모델회화를 서서히 지우면서 연습하여 최종적으로는 대입 어구만으로 회화를 말할 수 있도록 한다.

이러한 연습을 한 후에는 외운 회화의 패턴을 사용하여 자신에 대해 이야기 하면 회화가 '개인화'되어 학습자는 자신에 대해 말하여 '정보를 주고받는' 행위가 되어 본래의 커뮤니케이션에 가까운 연습이 된다.

4) 다양한 응용연습 – 실제 커뮤니케이션에 근접시키기

오디오 링갈법에서는 패턴을 암기하면 커뮤니케이션에서 자동적으로 활용할 수 있다고 보지만 교실활동에서 정확히 암기해도 실제로는 의사소통이 의도대로 되지 않는 학습자가 생겼다. 또 다 알고 있는 표현이나 자신이 쓸 것 같지 않는 표현을 반복해서 연습하는 것을 지겨워하는 학생의 불만도 나오게 되었다. 이러한 교수법은 학습자가 주체가 되어 언어활동을 하는 것이 아니며 진정한 커뮤니케이션을 수행하기 위한 활동이라고는 할 수 없다.

이에 커뮤니카티브 어프로치 방법을 이용해 가능한 현실에 맞는 교실활동이 이루어져야한다. 실제 커뮤니케이션에서는 일반적으로 자신이 모르는 정보를 찾기 위해 커뮤니케이션이 이루어지는데 그때 상대가 갖고 있는 정보의 차이를 '인포메이션 갭'이라 한다. 인포메이션 갭 개념을 이용하면 책을 가리키며 'それは何ですか' 'これは本です'로 대화하는 것이 아니라, 상대의 물건 중에 화자가 모르는 것을 가리키며 'これは何ですか'라고 물으면 상대는 'アイポットです'와 같은 연습이 된다. 즉, 문형연습과 소 회화 연습과 같은 기계적 연습으로 학습목표가 정착하면 학습자가 짝이 되어 자신에 대해 말하고 정보를 교환하는 활동으로 발전시키는 것이 중요하다.

(1) 인포메이션 갭을 이용한 활동

<초급> 부분적으로 다른 방의 사진 준비. 서로의 그림을 설명하거나 질문한다.

<중급> 여러 개의 여행사 팸플릿, 식당 메뉴 등을 준비
오키나와에 여행가기, 파티에 대해 질문하기 등 상황을 설정하여 짝과 함께 어떤 여행사의 상품으로 갈지, 어떤 식당으로 할지 결정한다.

<상급> 전화로 묻기 언어만으로 인포메이션 갭을 채우는 연습이 가능하다.

(2) 인터뷰 과제

자신이 모르는 정보를 상대에게서 얻는 점에서 인포메이션 갭을 이용한 연습이다. 인터뷰를 실시할 때는 얻은 정보를 기입할 수 있는 과제종이를 준비해 두면 연습 성과를 눈으로 확인할 수 있다.

<초급> 국적, 직업, 취미, 가족에 대해 학생끼리 묻기 → 과제종이에 기입 → 타자에 대해 소개, 다자 질문

<중급> 일본의 주택환경에 대해 조사 등의 과제를 설정하여 교실 외에서 일본인에게 인터뷰활동으로 발전시킬 수 있다.

(3) 롤 플레이

학생들에게 역할과 상황을 주고 역할에 맞는 회화를 연습하는 것을 말한다.

가. 즉흥드라마 (田中望1988)

처음과 마지막을 제시하고 중간 부분을 작성하여 암기시킨다. 학생들은 부분적이지만 자신들이 하고 싶어 하는 문형을 자유롭게 표현할 수 있다.

나. 시나리오 플레이(高見澤孟2004)

지시에 따라 학습자가 회화를 구성해 가는 연습을 말한다. 학생에게는 역할 카드를 제시하고 카드에는 추상적인 지시만 제시되어 있다. 따라서 학생은 회화를 선택할 폭이 넓어지고 보다 자발적이고 창조적인 언어활동을 기대할 수 있다.

예) 교사에게 조퇴를 허가받기

학생	교사
(1) 내일 수업을 조퇴 희망을 전한다.	
	(2) 이유를 묻는다
(3) 이유를 설명한다	
	(4) 조퇴로 인한 불이익을 전한다
(5) 불이익을 회피할 방법을 묻는다	
	(6) 방법은 없다고 전한다
(7) 조퇴시간을 늦춘다	
	(8) 허가를 한다
(9) 감사의 말을 하고 대화를 마친다	

다. 롤 플레이

장면, 상황, 인간관계만이 적인 역할 카드로 학생은 자유롭게 회화를 만들어 갈 수 있는 연습이다. 이 경우 사용해야 할 단어를 제시하는 경우와 어떤 단어를 사용할지 학생에게 선택을 맡기는 경우가 있다. 중급이상의 학습자가 대상이 된다.

역할 A : 대학생. 레포트 작성을 위해 같은 그룹의 선배에게 빌려준 책을 받기 원한다. 레포트 제출 기한은 10일 후이다.

역할 B : 대학생. A와는 선후배 관계. 같은 그룹이다. 내일부터 졸업 논문을 위해 2주간 조사하러 나갈 예정으로 A에게서 빌린 책을 가지고 갈 생각이었다.

역할 카드를 두 명에게 제시하고 역할에 맞게 회화를 전개시키는데 이 경우 각각 선배와 후배라는 인간관계를 염두에 두고 대우표현을 사용하면서 회화를 전개시켜야 한다.

이와 같은 롤 플레이를 의미 있는 활동이 되려면 학생들이 처해질 수 있는 상황을 설정해야 한다. 또한 복습과 교실활동이 연계되기 위해서는 지금까지 학습한 기존사항으로 회화가 가능하도록 상황을 설정해야한다. 교사는 롤 플레이 도중 회화가 중단되거나 우왕좌왕할 때에만 개입하고 그 이외는 지켜보는 입장을 유지해야한다. 수정되어야 할 부분은 활동이 끝난 뒤에 지적한다. 활동 후 교수의 일방적인 지도를 피하고 학생들 전체가 생각할 수 있는 시간을 가져야 한다.

3.2 쓰기 지도

1) 문자의 지도

일본은 히라가나 가타카나 한자의 3종류의 문제와 알파벳, 아라비아 숫자도 사용되어 학습자은 문자 교육에 저항감이 강하다. 이에 교사는 문자의 역사적 배경이나 학습자의 모국어와 비교하는 등 문자 연습을 싫어하는 학생이 생기지 않도록 노력해야한다.

문자 도입 순서 : 히라가나 → 가타카나 → 한자, 읽기 → 쓰기로 이어져야한다.

(1) 히라가나 가타카나 지도

오십음도를 이용하여 학습한다. 이것이 나중에 동사의 활동을 학습하는데 도움이 되기 때문이다. 히라가나 카드를 사용하여 청음→탁음, 반탁음→특수음 순으로 다룬다. 비슷한 형태를 모아 읽기와 쓰기를 확인한다.

(2) 한자 지도

한자의 학습은 한자 문화권인 한국인에게도 많은 노력이 필요한 부분이다. 한자지도의 순서는 획순이 적은 간단한 한자부터 복잡한 한자로 진행되지만 학생 개개인의 필요성을 고려해야한다. 은행에서 근무하는 학생이면 '외국 환율, 전환사채'등은 선행되어야 할 한자들이다.

한자의 지도에 앞서 한자에 관한 기본적인 정보(표어문자, 어원, 구성요소)를 알려주어야 한다.

<초급> 제시된 한자의 운용능력을 익히게 하는 것을 우선으로 한다. 한자의 정보는 가능한 한정하는 것이 학생에게 부담이 적다.

문맥에서 어휘, 한자를 학습하는 것이 기억 보존에 오래간다는 논문도 있다. 어휘력이나 문법의 레벨이 올라가면 한자를 사전적으로 제시하는 것이 아니라 가능한 의미 있는 문장, 회화, 이야기 속에서 제시하도록 주의를 기울여야 한다.

<중, 상급> 신문, 잡지, 광고 등의 살아있는 교재를 사용한 자연스러운 용례에서 한자를 학습하는 것이 보다 효과적이다.

2) 문장의 지도

(1) 초급 문장의 지도

초급입문에서는 짧은 문장을 정확하게 쓰는 연습에 중점을 둔다. 표현의도와 표현능력의 차이가 큰 입문 단계에서는 우선 단어 레벨에서 쓰기 연습을 시작하여 1문장을 만드는 연습을 한다. '〜に〜が あります・います'와 같은 문장을 단어카드를 제시하여 말로 하는 대신 쓰게 한다.

동사 도입 후에는'休みになにをしますか' 와 같은 짧은 질문하고 그 답을 쓰게 한다. 구두로 하는 문형연습에서는 표면화 되지 않은 음성 문제나 문법의 오용을 확인 할 수 있다.

초급후반에는 시간 종속절인 '~時、~から、~たあと、~るまえ'과 조건절인 '~たら、~ば、~と' 도입 후 문장의 전반부를 제시하고 후반부를 쓰게 하는 연습이 가능하다.

문형이 늘면 '나의 가족, 자신 있는 요리' 등을 제시하여 중문의 문장을 쓰게 한다. 토픽을 막연하게 제시하는 것이 아니라 교과서에서 다룬 테마와 관련시키거나 학습자와 관련된 주변의 토픽을 선정하여 누거에게 왜 쓰는지, 어떻게 쓰는지를 명시하여 제시한다. 완성된 문장을 발표시키면 스피치연습으로 이어갈 수 있다.

무엇보다 교사는 외국어로 작문하는 학습자의 심리를 이해하여 쓰기에 대한 학습자의 저항감을 없애도록 배려해야 한다.

(2) 중급이후의 지도

효과 있는 지도법으로 '문어체'로 쓰인 독해문은 쓰기 지도로 이어가는 방법이다. '독립된 작문지도가 아니라 독해 수업과 병행되어야 한다. 표현능력은 독해연습으로 얻은 구문력, 어휘력으로 지배된다. 둘을 뗄 수 없다'고 한 木村宗男(1982)의 지적처럼 읽기와 쓰기는 표리일체이다.

문장의 구성 틀을 이용하여 작문연습을 진행한다. 4칸 만화의 설명, 비디오의 예약녹화방법의 설명

중급과 상급에서는 です、まず체와 だ、である체가 혼용되는 시

기이다. 이를 없애기 위해 바꾸어 써보게 하는 연습이 있다. 문어체와 구어체에서 사용되는 단어, 표현에 차이가 있고 문어체라 하더라도 편지, 리포터, 논문을 쓸 때 어휘와 표현, 문말 표현이 다르다.

예)

구어적 표현	문어체적 표현
ちっとも	すこしも
なんか	など
やっぱり、やっぱ	やはり
決める	決定する
当たり前	当然
じゃない	ではない
ちゃった	てしまった
んだ	のだ

교정은 학습자 스스로, 학습자끼리, 교사가 하는 방법이 있지만 교사는 빨간 펜으로 삭제하는 일방적인 방법은 피해야한다. 학습자의 표현의도와 문맥을 구두로 확인하면서 함께 첨삭하는 것이 좋다.

3.3 듣기 지도

듣기 지도는 특정 정보를 듣고 이해하기 위해 관계가 없는 부분은 듣고 흘려보내는 것이 중요하다.

1) 스캐닝 연습(정보 찾기 연습)

필요한 정보를 찾는 듣기를 '스캐닝'이라고 한다. 예를 들면 지하철의 안내방송에서 목적지의 출발시간을 알아듣기, 일기예보에서 지정된 장소의 날씨를 알아듣기, 뉴스를 듣고 특정 주가를 알아듣기 등이다. 이런 연습법으로 초급단계에서도 현실적인 교재를 사용할 수 있다. 초급에서는 뉴스에서 알아들을 수 있는 정보가 적기 때문에 흘려듣기 연습이 자연스럽게 이루어지고 스캐닝 연습법에 빨리 적응할 수 있다.

① 초급의 스캐닝 연습법 : 과제 시트 매우기(ex.오전, 오후 코스)
② 중, 상급의 스캐닝 연습법 : 대학의 강의를 들으면서 스캐닝으로 그림을 완성하기(ex.유전자 조직)

2) 스키밍 연습(대의파악)

강연회의 내용을 파악하거나 요리프로를 보고 조리법을 간단히 설명하듯이 전체를 듣고 대의나 요점을 알아듣는 것을 '스키밍'이라고 한다. 방법은 뉴스를 듣고 대의를 말하게 하거나 포인트가 되는 정보를 질문하여 학습자의 이해를 확인한다. 사전에 사용되는 단어의 의미를 확인하거나 내용과 관련된 사항을 이야기하여 예비지식을 갖게 하면 학습자에게 도움이 된다.

참고문헌

李德奉(2001)『日本語教育의 理論과 方法』시사일본어사

채경희(2015)「블렌디드 일본어 교육현장에서의 교수자의 역할」『일본어교육연구』32,한국일본어교육학회

本多美保(2015)「韓国の四年制大学における母語話者日本語教師の役割と能力-学習者・韓国人教師・母語話者日本語教師の比較を中心として-」『일본어학연구』35,한국일본어학회

青木直子他(2001)『日本語教育を学ぶ人のために』世界思想社

庵功雄他(2003)『やさしい日本語のしくみ』くろしお出版

池田玲子・舘岡洋子(2007)『ピア・ラーニング入門』ひつじ書房

伊藤祐郎(2008)『日本語教師のためのテスト作成マニュアル』アルク

遠藤織枝編(2011)『日本語教育を学ぶ』SANSHUSHA

岡崎敏夫・岡崎眸(1990)『日本語教育におけるコミュニカティブ・アプローチ』凡人社

木村宗男(1982)『日本語教授法—研究と実践』凡人社

国際交流基金・(財)日本国際教育協会(2002)『日本語能力試験出題基準[改訂版]』凡人社

崎山理編『講座日本語と日本語教育第11巻 言語学要説(上)』明治書院

高見澤孟(1996)『はじめての日本語教育・2日本語教授法入門』アスク

＿＿＿＿(2004)『新・はじめての日本語教育 基本用語事典』アスク

田中望(1988)『日本語教育の方法』大修館書店

西田龍雄編(1986)『言語学を学ぶ人のために』世界思想社

日本語教育協会編・林大編集代表(1991)『日本語テストハントブック』大修館書店

日本語教育協会編(2005)『新版日本語教育事典』大修館書店

平畑奈美(2014)『「ネイティブ」とよばれる日本語教師：海外で教える母語話者日本語教師の資質を問う』春風社

姫野昌子(1998)『ここからはじまる日本語教育』ひつじ書房

牧野成一ほか(2001) 『ACTFL-OPI入門ー日本語学習者の 「話す力」を客観的
　　　　に測る』アルク

横溝紳一郎(2000)『日本語教師のためのアクション・リサーチ』凡人社

참고 웹사이트

국제교류기금・재단법인 일본국제교육지원협회 웹사이트
　　　　http://www.jlpt.jp
독립행정법인 일본학생지원기강(일본유학시험)웹사이트
　　　　http://www.jasso.go.jp/edu/index.html
독립행정법인 일본어한자능력검정협회(BJT일본어능력시험) 한국어 웹사이트
　　　　http://www.bjttest.com

번역 인용

国際交流基金 日本語教授法シリーズ2
『音声を教える』pp138~142
国際交流基金 日本語教授法シリーズ3
『文字・語彙を教える』pp150~158

박영숙

신라대학교 일어교육과 졸업
계명대학교 일어일문학과 석사 학위 취득
(일본) 동경대학교 국어국문학과 연구생
(일본) 동북대학교 국어국문학과 박사 과정 수료
(일본) 벳뿌 대학교 객원 연구원
부산대학교 일어일문학과 박사학위 취득
현. 부경대학교 일어일문학부 교수

박미현

부산대학교 일어일문학과 졸업
(일본) 오사카대학 대학원 졸업. 박사학위 취득
현. 부산대학교 일본연구소 연구원

일 본 어
교육 입문

초판인쇄 2019년 3월 1일
초판발행 2019년 3월 1일

지은이 박영숙·박미현
펴낸이 채종준
펴낸곳 한국학술정보㈜
주소 경기도 파주시 회동길 230(문발동)
전화 031) 908-3181(대표)
팩스 031) 908-3189
홈페이지 http://ebook.kstudy.com
전자우편 출판사업부 publish@kstudy.com
등록 제일산-115호(2000. 6. 19)

ISBN 978-89-268-8677-9 93730